CB080753

CURIOSIDADES INCRÍVEIS
ESPAÇO

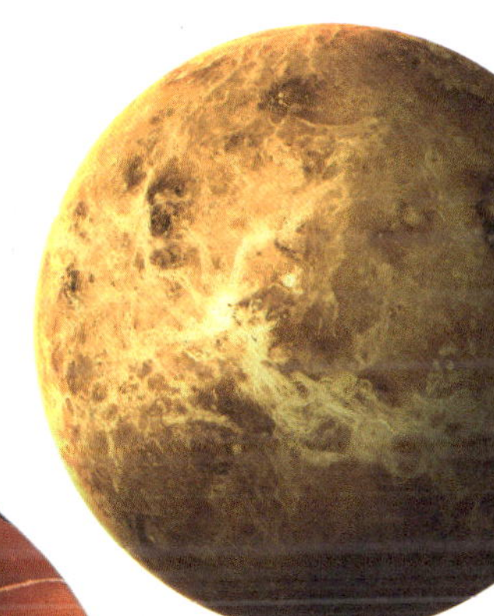

Ciranda Cultural

SUMÁRIO

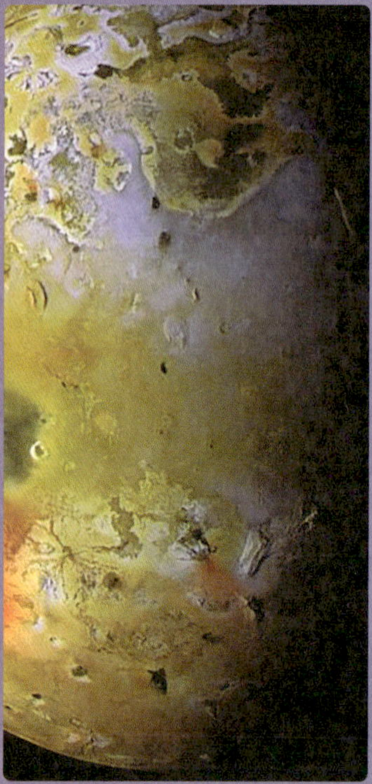

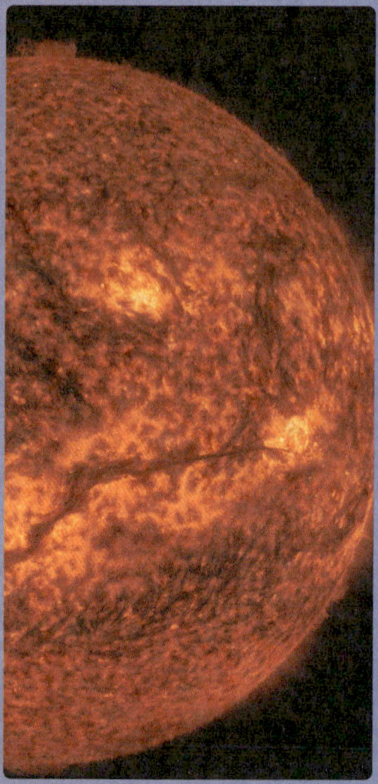

O QUE É O UNIVERSO?

Os cientistas usam a palavra "Universo" para descrever tudo o que existe fisicamente. Eles acreditam que o Universo foi criado a partir do Big Bang. No início, o Universo era muito pequeno, mas já continha toda a matéria e energia que existem hoje – uma mistura densa e caótica de pequenas partículas e forças.

Estrelas, nebulosas e galáxias fazem parte do Universo.

Curiosidade: O QUE FOI O BIG BANG?

No início do Universo, provavelmente há cerca de 13 bilhões de anos, existia uma pequena bola, incrivelmente quente e densa, da qual todo o Universo surgiu a partir da maior explosão de todos os tempos - o Big Bang! Com isso, o Universo se expandiu rapidamente, permitindo a formação de energia e matéria, e, depois, o surgimento de átomos, nuvens de gás e galáxias. Essa expansão continua até hoje, o que significa que o Universo está crescendo cada vez mais.

A expansão do Big Bang

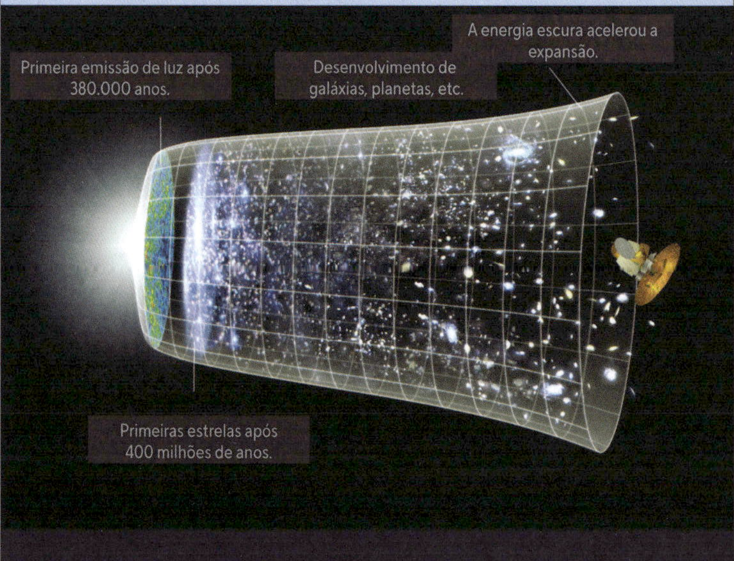

Estrelas, planetas e nuvens de gás

DO QUE O UNIVERSO É FEITO?

As estrelas e as nuvens de gás do espaço são feitas quase completamente de hidrogênio e hélio. Planetas rochosos, como a Terra, são formados por elementos mais densos e compactos, incluindo carbono, oxigênio, silício, nitrogênio e ferro.

QUAL É A FORMA DO UNIVERSO?

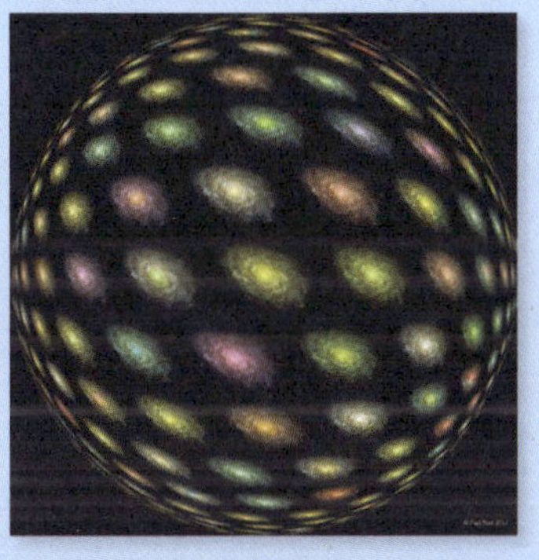

Poderia o Universo parecer com isto?

Os cientistas ainda não têm certeza. Assim como houve uma época em que a forma da Terra estava em debate, ainda não há um consenso se o Universo é plano, curvo ou esférico.

COMO SABEMOS QUE O UNIVERSO ESTÁ SE EXPANDINDO?

Podemos confirmar esse fato porque galáxias distantes estão se afastando de nós. No entanto, não são as galáxias que estão em movimento - é o espaço entre elas que está aumentando.

QUIZ rápido!

QUEM FOI A PRIMEIRA PESSOA A SUGERIR A TEORIA DO BIG BANG?

Um padre belga chamado Georges Lemaître, em 1920.

Georges Lemaitre

É POSSÍVEL VER O BIG BANG?

Não, mas os astrônomos podem ver o brilho do Big Bang como uma radiação de micro-ondas de baixo nível chamada "radiação de fundo em micro--ondas". Ela está se movendo em nossa direção vindo de todo o espaço.

QUAL FOI A TEMPERATURA DO BIG BANG?

À medida que o Universo passou de um tamanho menor que um átomo para o tamanho de uma bola de futebol, ele esfriou de uma temperatura infinitamente alta até 10.000.000.000.000.000.000.000.000.000°C.

QUANTO TEMPO DUROU O UNIVERSO ORIGINAL?

O Universo original durou apenas uma fração de segundo - apenas três trilionésimos de trilionésimo de trilionésimo de segundo!

O QUE É UMA ÓRBITA?

É um caminho que um objeto no espaço percorre em torno de outro objeto. A Terra orbita o Sol, assim como os outros planetas.

Oito planetas giram em torno do Sol.

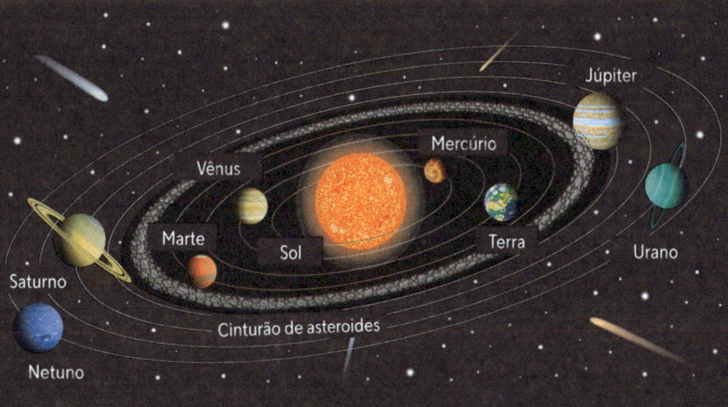

O QUE EXISTIA ANTES DO UNIVERSO?

Ninguém sabe de fato! Algumas pessoas acreditam que havia um vasto mar, além do espaço e do tempo, cheio de universos em potencial, que eram criados continuamente. O nosso seria um dos que tiveram sucesso. Podem ter existido outros universos, e é possível que ainda existam, inclusive ao mesmo tempo que o nosso.

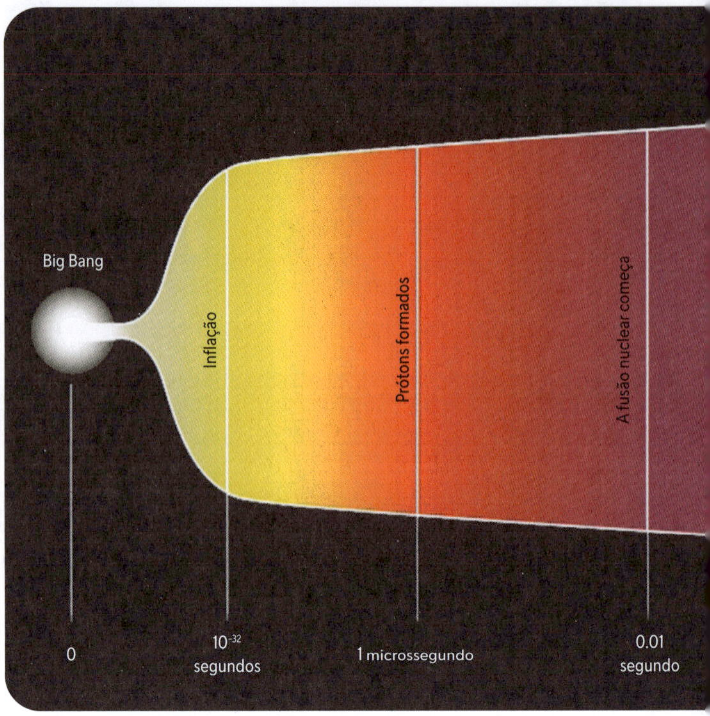

A idade do Universo

O QUE É *BIG CRUNCH* (OU GRANDE COLAPSO)?

Alguns cientistas acreditam que, se houver uma grande quantidade de matéria escura no Universo, é possível que ela se contraia e entre em colapso. Eles chamam esse fenômeno de *Big Crunch*.

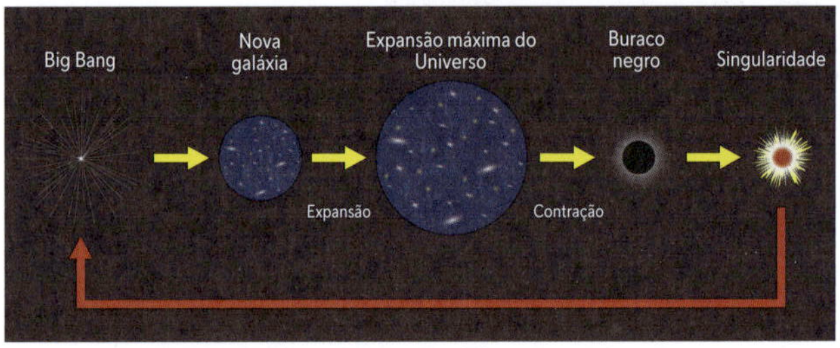

O *Big Crunch*

Curiosidade:

COMO OS CIENTISTAS SABEM COMO O UNIVERSO ERA ANTES?

Ninguém sabe ao certo, mas os cientistas descobriram possibilidades por meio de cálculos matemáticos baseados nas leis da física. Máquinas enormes e sofisticadas, chamadas colisores e aceleradores de partículas, são usadas em seus experimentos. Elas recriam condições que podem ter existido no Universo original (ou primitivo), usando imãs para impulsionar partículas a se moverem a velocidades inacreditáveis, em um túnel especial, até que elas se choquem umas contra as outras.

O Grande Colisor de Hádrons

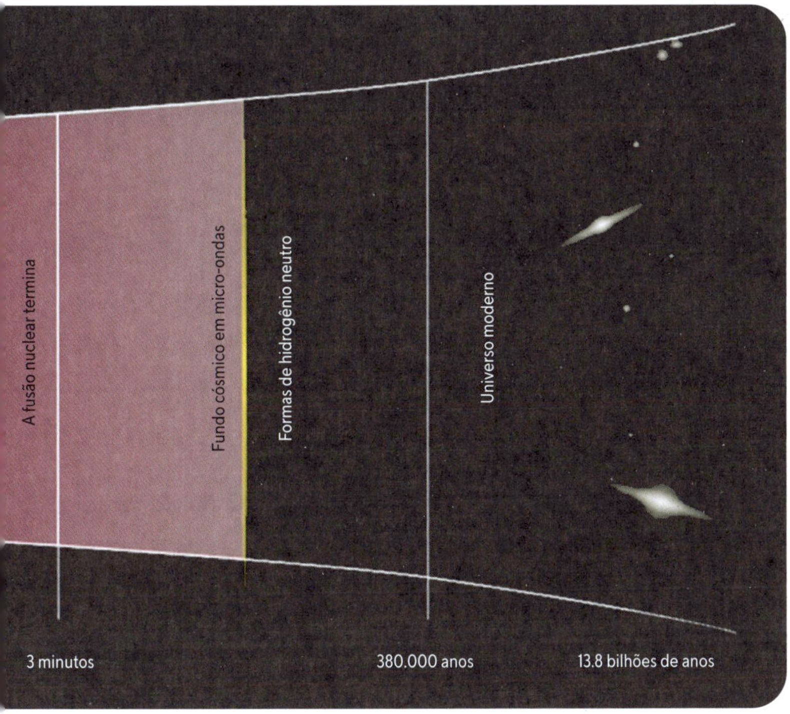

QUIZ rápido!

O QUE FOI A INFLAÇÃO?

Foi a fase ultra-acelerada de expansão e resfriamento que ocorreu em apenas uma fração de segundo após o Big Bang.

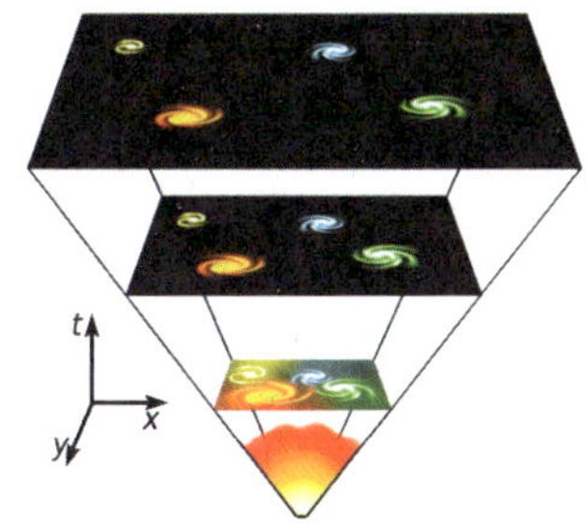

Expansão do Universo

QUAL É A MAIOR COISA DO UNIVERSO?

A Grande Muralha Hércules-Corona Borealis – uma camada de galáxias que mede mais de 10 bilhões de anos-luz de diâmetro.

QUAL A IDADE DO UNIVERSO?

Cerca de 13 bilhões de anos.

QUAL O TAMANHO DO UNIVERSO?

Maior do que você pode imaginar! Na imagem abaixo, aparece a galáxia GN-z11, que fica a 32 bilhões de anos-luz de distância. É um dos mais distantes grupos de astros avistados pelos astrônomos.

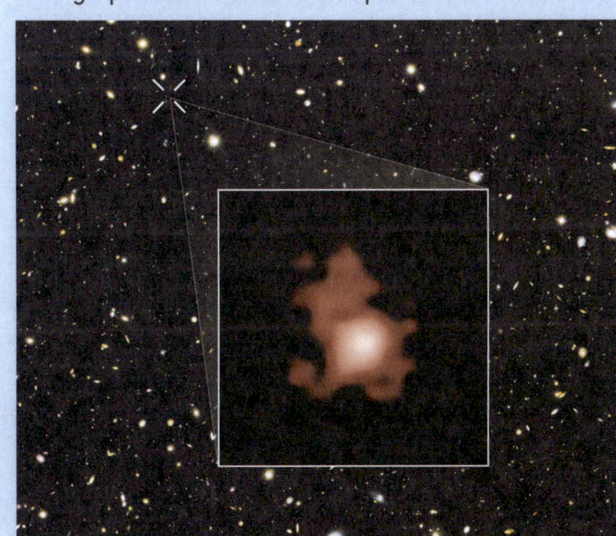

A galáxia distante GN-zII

QUAL SERÁ O FUTURO DO UNIVERSO?

Ninguém sabe se o Universo continuará crescendo. Tudo depende da quantidade de matéria contida nele. É possível que a gravidade pare de expandi-lo e o contraia novamente – resultando no *Big Crunch*! Por outro lado, se o Universo for plano, isso evitará a contração ou seu possível colapso. E se o Universo for aberto, ele poderá estar em constante expansão.

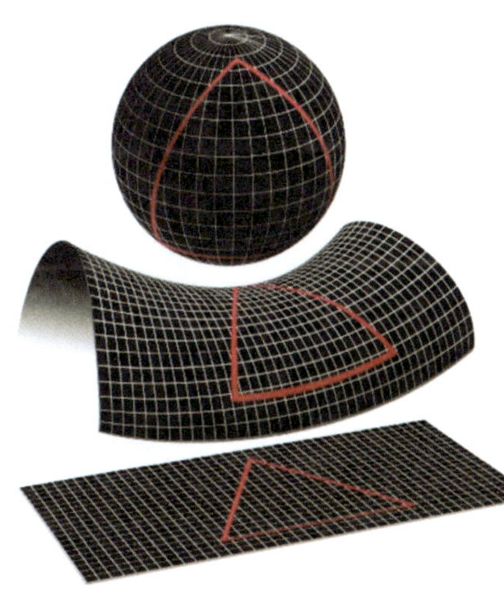

Formatos possíveis do Universo

O QUE É MATÉRIA?

Cada substância no Universo, desde a menor partícula de poeira até a maior estrela, é matéria. Qualquer coisa que tenha massa e ocupe espaço é matéria. Toda matéria é composta de minúsculas partículas. Essas partículas são como blocos de construção do Universo. Existem três formas ou estados diferentes da matéria: sólido, como um tijolo; líquido, como água; e gás, como o ar. Toda substância pode mudar de um estado para outro e vice-versa, dependendo da temperatura e da pressão às quais ela é exposta.

Tudo o que existe é matéria.

QUIZ rápido!

COMO PODEMOS VER OS QUARKS?

Os caminhos das partículas subatômicas, como os quarks, podem ser vistos quando os átomos colidem em grande velocidade.

Quando os átomos colidem, vemos os quarks.

O QUE É ANTIMATÉRIA?

A antimatéria é literalmente o inverso da matéria. Se matéria e antimatéria se encontram, elas se destroem. Felizmente, não existe antimatéria na Terra.

O QUE É UM DESTRUIDOR DE ÁTOMOS?

Também conhecido como acelerador de partículas, é uma máquina usada para impulsionar partículas a altas velocidades a fim de estudar sua natureza.

COMO OS ÁTOMOS FORAM CRIADOS?

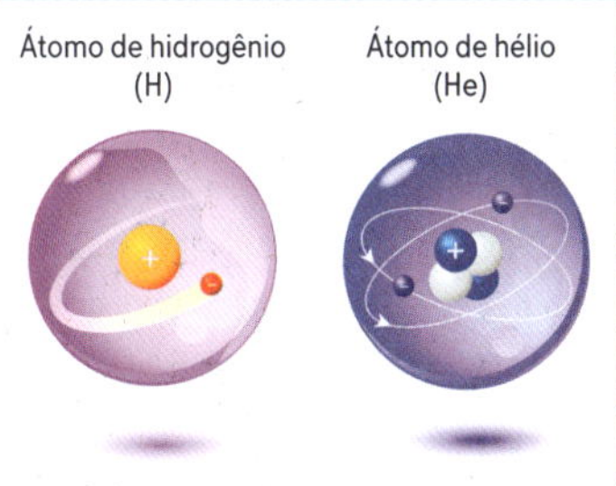

Átomos de hidrogênio e hélio

Átomos de hidrogênio e hélio foram criados nos primeiros dias do Universo, quando os quarks se uniram. Os outros átomos se formaram ao se fundirem uns nos outros, devido ao intenso calor e à pressão dentro das estrelas.

Um átomo

O QUE SÃO PARTÍCULAS?

Partículas são as unidades básicas da matéria que constituem os objetos do cotidiano. Existem centenas de tipos de partículas, mas todas, exceto átomos e moléculas, são pequenas demais para serem vistas, mesmo com o microscópio mais poderoso.

Um microscópio

Curiosidade: O QUE É UM ÁTOMO?

Os átomos são minúsculos pedaços ou "partículas" dos quais toda substância é feita. Eles são pequenos demais para serem vistos. Dois bilhões de átomos caberiam no ponto deste "i"! Antigamente, os cientistas pensavam que eram as menores coisas do Universo, como bolas pequenas e duras que nunca poderiam ser divididas ou destruídas. Mas, agora, sabe-se que os átomos são como nuvens de energia, ou seja, espaços vazios, pontilhados de partículas subatômicas ainda menores. Bem no centro de cada átomo, como uma ervilha dentro de uma bola de futebol, há um núcleo denso contendo dois tipos de partículas minúsculas: prótons e nêutrons. Ao redor do núcleo, há partículas ainda menores, chamadas elétrons, girando na velocidade da luz.

Estrutura de um quark

O QUE É UM QUARK?

Quarks são partículas minúsculas, muito menores que os átomos. Elas estavam entre as primeiras partículas a se formar durante o surgimento do Universo.

QUAL É O TAMANHO DE UM QUARK?

A menor partícula dentro do núcleo de um átomo é um quark. Tem menos de 10^{-20} metros de diâmetro. Uma linha de 10 milhões de bilhões deles teria menos de um metro de comprimento.

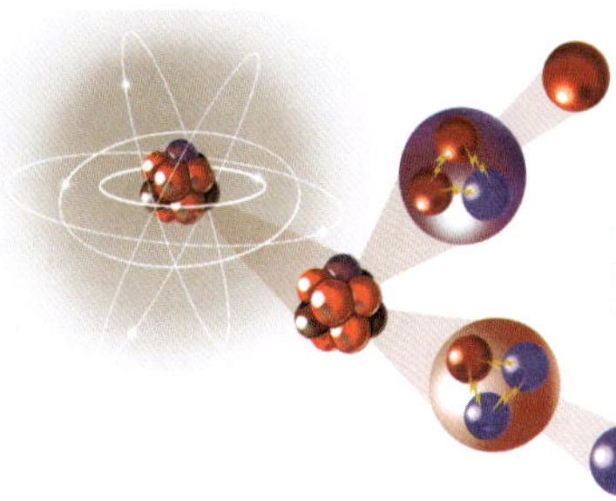

Quarks no núcleo de um átomo

O QUE É GRAVIDADE?

A gravidade é a atração mútua entre cada pedaço de matéria do Universo. Quanto mais matéria houver e quanto mais próxima ela estiver, mais forte será a atração. Um planeta grande exerce muito mais gravidade do que um planeta pequeno ou distante. O Sol é tão grande que propaga sua atração ao longo de milhões de quilômetros.

A gravidade mantém o Universo unido.

O efeito da gravidade da Terra

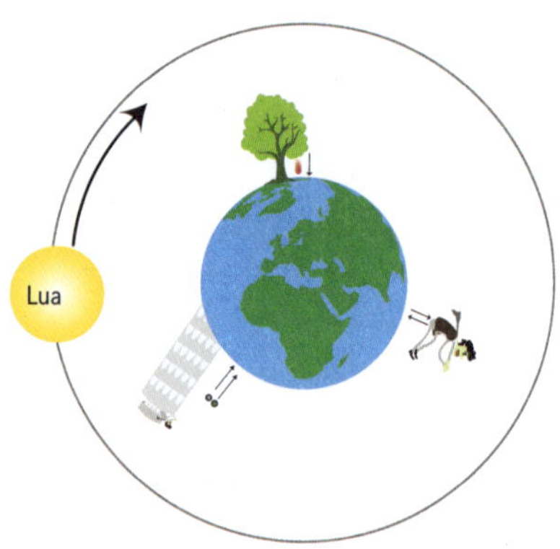

Curiosidade:

POR QUE A GRAVIDADE É IMPORTANTE?

A gravidade é a força que mantém o Universo unido. É a força que mantém a Terra inteira, que nos mantém no chão, que mantém os planetas girando em torno do Sol e que une as estrelas nas galáxias. Porém, a gravidade também pode ser destrutiva, comprimindo as estrelas até reduzi-las a nada e sugando as galáxias para o esquecimento.

COMO A TERRA PERMANECE EM ÓRBITA?

A Terra permanece orbitando ao redor do Sol porque se move rápido demais para ser atraída completamente por ele. No entanto, a Terra não é rápida o suficiente para se livrar dessa atração e sair pairando pelo espaço.

A gravidade mantém a Terra em órbita.

COMO A GRAVIDADE AFETA UMA ESTRELA MORRENDO?

Quando algumas estrelas gigantes queimam todo seu combustível, elas começam a entrar em colapso sob a força da própria gravidade. À medida que encolhem, tornam-se cada vez mais densas, e a sua gravidade, ainda mais forte. Por fim, a tremenda força gravitacional reduz essas estrelas enormes ao tamanho de alguns quilômetros.

A GRAVIDADE CAUSA DESTRUIÇÃO NO NOSSO SISTEMA SOLAR?

Sim, isso acontece em uma das luas de Júpiter, chamada Io. Enquanto gira, a Lua é puxada e sugada pela forte gravidade desse planeta gigante. Com isso, o interior da Lua aquece a ponto de vulcões irromperem de sua superfície.

Lua de Júpiter: Io

QUIZ rápido!

Sir Isaac Newton

QUEM DESCOBRIU A GRAVIDADE?

Sir Isaac Newton, no século XVII, quando se perguntou por que uma maçã caiu direto no chão, em vez de flutuar.

Lançando um foguete.

POR QUE É NECESSÁRIO UM FOGUETE PARA IR AO ESPAÇO?

Somente um foguete pode fornecer a energia necessária para escapar da força da gravidade.

TODOS OS LUGARES DA TERRA TÊM A MESMA ATRAÇÃO GRAVITACIONAL?

Não, porque a massa da Terra não está distribuída uniformemente em todos os lugares.

O QUE É A MISSÃO GRACE?

O Gravity Recovery and Climate Experiment (Grace), Experimento Climático e de Recuperação de Gravidade, em português, mede a mudança na distância entre dois satélites idênticos, voando a certa distância um do outro, para descobrir variações na gravidade da Terra.

O QUE ACONTECE SE UM SATÉLITE FOR LANÇADO DEVAGAR OU RÁPIDO DEMAIS?

Se lançado muito lentamente, o satélite cairá de volta à Terra. Mas se for lançado rápido demais, seguirá para o espaço. Quando lançado na velocidade ideal e exatamente no ângulo certo, o satélite se mantém em órbita com sucesso.

Nave espacial em órbita

O QUE É UMA GALÁXIA?

As galáxias são um aglomerado de bilhões de estrelas. Elas se formaram a partir da concentração de gás hidrogênio e hélio presentes dentro das nuvens. A galáxia mais jovem conhecida tem apenas 500 milhões de anos. Existem três tipos principais de galáxias: espiral, elíptica e irregular

A galáxia Via Láctea

O QUE SÃO GALÁXIAS ELÍPTICAS?

São galáxias com formato de bolas de rúgbi, ou seja, mais ovaladas. Não há gás ou poeira remanescente em uma galáxia elíptica, portanto nenhuma nova estrela pode se formar a partir dela.

A galáxia elíptica Centaurus

Curiosidade:

O QUE SÃO GALÁXIAS ESPIRAIS?

As galáxias espirais se parecem com um furacão visto de cima. Elas têm um núcleo denso de estrelas, rodeado por longos braços giratórios. Nossa Via Láctea é uma galáxia espiral. Ela possui entre 100 e 400 bilhões de estrelas, dispostas na forma de um ovo frito e espalhadas por 100.000 anos-luz. Uma dessas estrelas é o Sol. Essa enorme "cidade estelar" é chamada de Via Láctea porque a vemos como uma faixa branca e pálida no céu noturno.

A Via Láctea vista da Terra

Grande parte do espaço está vazia.

QUÃO GRANDES AS GALÁXIAS PODEM SER?

As galáxias são gigantescas. Embora contenham milhões, ou mesmo trilhões, de estrelas, são como espaços vazios, uma vez que as estrelas estão distantes umas das outras. Se cada estrela fosse uma pessoa, o vizinho mais próximo estaria quase tão longe quanto a Lua!

POR QUE APENAS ALGUMAS GALÁXIAS SÃO VISÍVEIS PARA NÓS?

Acredita-se que o Universo esteja em constante expansão. Da Terra, os astrônomos observam que as galáxias estão se afastando o tempo todo e ficando mais distantes. Embora as galáxias contenham muitos milhões de estrelas, elas estão tão distantes que, mesmo com um telescópio bom, a maioria delas parece borrões no céu.

QUIZ rápido!

O QUE SÃO GALÁXIAS ESPIRAIS BARRADAS?

São galáxias espirais com uma barra central, de onde saem braços de estrelas, assim como acontece com a água de um irrigador de jardim giratório.

Galáxia barrada NGC 986

QUANTAS GALÁXIAS SÃO VISÍVEIS A OLHO NU?

Três galáxias, além da Via Láctea. São elas: a Grande e a Pequena Nuvem de Magalhães e Andrômeda.

Nuvens de gás e estrelas na Grande Nuvem de Magalhães

QUANTAS GALÁXIAS EXISTEM?

Pelo menos 200 bilhões, e possivelmente até 2 trilhões!

O QUE SÃO GALÁXIAS IRREGULARES?

São galáxias que não têm nenhuma forma específica. A maioria das galáxias irregulares já foi espiral ou elíptica, mas acabaram sendo alteradas pela gravidade.

A galáxia irregular NGC 4485

Nebulosa de Órion

O QUE SÃO NEBULOSAS?

As estrelas surgem de nuvens gigantes de poeira e gás chamadas nebulosas. A gravidade atrai a poeira e a compacta de modo que a pressão a faz brilhar. Em uma noite clara, manchas difusas de luz podem ser vistas entre as estrelas. Algumas dessas manchas são galáxias distantes; outras são nebulosas, muitas vezes maiores que qualquer estrela.

O QUE É A NEBULOSA DO SACO DE CARVÃO?

É uma nebulosa escura, a cerca de 500 anos-luz da Terra, na constelação do Cruzeiro do Sul. O Saco de Carvão pode ser identificado a olho nu, pois oculta uma seção de estrelas na Via Láctea. O povo aborígine australiano observou e comparou sua forma à cabeça de uma ema.

Curiosidade: QUAIS SÃO OS DIFERENTES TIPOS DE NEBULOSAS?

Todas as nebulosas são formas de matéria encontradas entre estrelas (interestelares). Sua aparência varia de acordo com sua temperatura, densidade e com sua localização em relação ao observador. Com base na sua aparência, as nebulosas são divididas em dois grandes tipos: nebulosas escuras e nebulosas brilhantes. As nebulosas escuras aparecem como manchas pretas e densas de formato irregular, que obscurecem a luz das estrelas que estão além delas. Já as nebulosas brilhantes aparecem como superfícies levemente luminosas.

A nebulosa escura Saco de Carvão

QUAL É A NEBULOSA MAIS PRÓXIMA DA TERRA?

É a Nebulosa da Hélice, a 650 anos-luz de distância, localizada na constelação de Aquário. Hélice é uma nebulosa planetária, ou seja, é o que restou de uma estrela moribunda, tal como o nosso Sol. Foram necessários três poderosos telescópios espaciais para mapear sua estrutura brilhante: Galex, Spitzer e o Wide-Field Infrared Survey Explorer (Wise).

Nebulosa da Hélice

POR QUE AS NEBULOSAS SÃO CHAMADAS DE BERÇÁRIOS DE ESTRELAS?

A região de formação estelar da Nebulosa da Águia

Os gases e a poeira que constituem as nebulosas se aglomeram por causa da força da gravidade. Esses aglomerados se tornam densos e desenvolvem núcleos ainda mais densos e quentes. Tais núcleos são o início de novas estrelas, razão pela qual as nebulosas são chamadas de berçários estelares.

QUIZ rápido!

ONDE ESTÃO OS PILARES DA CRIAÇÃO?

Na Nebulosa da Águia.

Os Pilares da Criação

AS NEBULOSAS PODEM TER FORMATO RETANGULAR?

Sim, a Nebulosa Retângulo Vermelho é um exemplo.

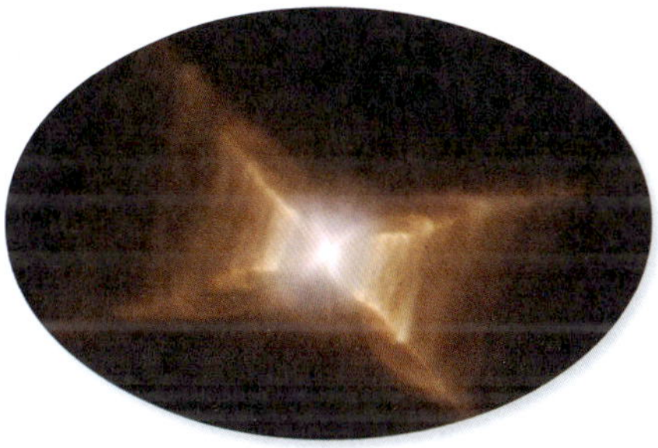

Nebulosa Retângulo Vermelho

QUAL NEBULOSA POSSUI A COR VERDE?

A Nebulosa de Órion, um dos corpos celestes mais bem estudados pelos astrônomos.

O QUE SÃO NEBULOSAS DIFUSAS?

Há vários tipos de nebulosas. Nebulosas difusas são aquelas que não possuem limites bem definidos. Um exemplo é a Eta Carinae, a 7.500 anos-luz de distância da Terra. Dois tipos de nebulosas difusas são: de emissão, que emitem luz própria; e de reflexão, que são visíveis porque refletem a luz de outras estrelas.

Eta Carinae

O QUE É UM BURACO NEGRO?

Um buraco negro é uma região do Universo que possui uma atração gravitacional tão grande que atua como um funil que suga tudo ao seu redor. Como nem mesmo a luz consegue escapar da sua atração, é chamado de negro. O interior do buraco não pode ser visto.

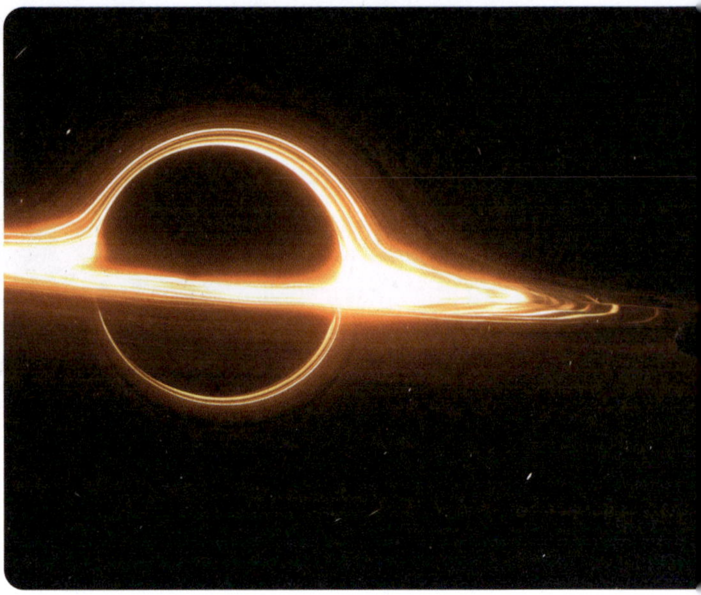

Representação artística de um buraco negro

O QUE ACONTECE DENTRO DE UM BURACO NEGRO?

Tudo o que entra em um buraco negro jamais sai. A gravidade dentro dele é tão intensa que dobra o próprio espaço. O espaço e o tempo, tal como os conhecemos, não existem em um buraco negro. As leis da física não se aplicam nele.

QUIZ rápido!

UM BURACO NEGRO JÁ FOI VISTO?

A primeira imagem de um buraco negro, que estava escondido no centro da galáxia Messier 87, foi criada pelos Observatórios do Event Horizon Telescope (EHT), em 2019.

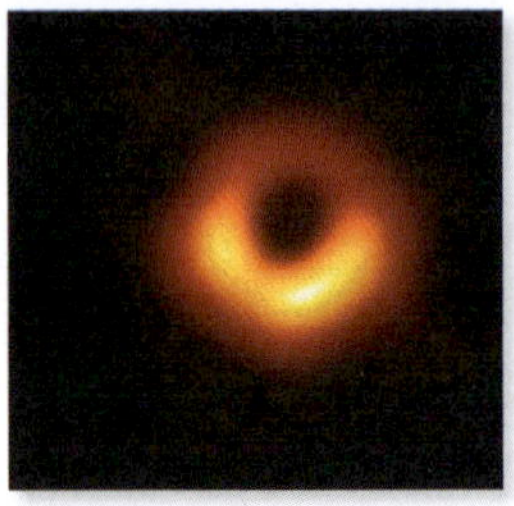

Buraco negro na galáxia Messier 87

ONDE ESTÃO OS BURACOS NEGROS?

Os buracos negros supermassivos estão localizados no centro das galáxias, mas os menores podem estar em qualquer lugar delas.

QUANTOS BURACOS NEGROS EXISTEM?

Ninguém sabe ao certo, mas os cientistas acreditam que pode haver entre 10 milhões e 1 bilhão de buracos negros só na Via Láctea.

COMO PODEMOS VER UM BURACO NEGRO?

O buraco negro contém tanta matéria em um espaço tão pequeno, que a sua força gravitacional atrai até a luz. Os cientistas conseguem distinguir a presença de um buraco negro a partir do disco de luz que o rodeia, que é a radiação emitida pelas estrelas despedaçadas quando sugadas. Um buraco negro gigante chamado Sagitário A* existe no centro da nossa galáxia.

Sagitário A*

OS QUASARES TAMBÉM ESTÃO NOS BURACOS NEGROS?

Os objetos mais brilhantes do Universo, chamados quasares, podem ser comparados aos gritos das estrelas sendo destruídas - trata-se da intensa radiação da matéria sendo despedaçada ao ser sugada para um buraco negro.

Um quasar

QUAL É O TAMANHO DE UM BURACO NEGRO?

Para avaliar o tamanho do buraco negro, geralmente é considerado o tamanho do espaço do qual a luz não consegue escapar dele. O buraco negro no coração da nossa galáxia tem cerca de 23,6 milhões de quilômetros de largura e uma massa de 4 milhões de sóis! Mas pode haver buracos negros muito maiores.

Buraco negro sobre um campo estelar

Curiosidade:

COMO É FORMADO UM BURACO NEGRO?

Quando uma grande estrela explode (fenômeno chamado de supernova), seu centro é violentamente comprimido pelo choque da explosão. À medida que se comprime, ele se torna mais denso; e a sua gravidade, mais poderosa. Por fim, a gravidade é sugada para um ponto incrivelmente pequeno chamado singularidade. Ali, a gravidade é tão poderosa que, além de sugar a luz, distorce o tempo e o espaço.

Um buraco negro é como um poderoso redemoinho espacial.

O QUE SÃO ESTRELAS?

As estrelas são enormes bolas de gás ardentes. Elas brilham porque estão queimando. Dentro delas, enquanto são comprimidos pela sua gravidade, os átomos de hidrogênio fundem-se para formar hélio. Essa reação nuclear libera tanta energia que a temperatura no núcleo da estrela atinge milhões de graus, fazendo sua superfície brilhar e enviando luz, calor, ondas de rádio e muitos outros tipos de radiação.

Uma estrela brilhante e ardente

QUIZ rápido!

QUANTAS ESTRELAS NASCEM NO UNIVERSO EM UM ANO?

Cerca de 150 bilhões. Isso significa que 4.800 estrelas nascem a cada segundo!

Um céu repleto de estrelas

QUANDO AS PRIMEIRAS ESTRELAS SE FORMARAM?

Quando o Universo tinha apenas cerca de 200 milhões de anos.

Sirius A

A QUE DISTÂNCIA ESTÁ A ESTRELA MAIS BRILHANTE DO CÉU?

Sirius A, a estrela mais brilhante do céu, está a 8,6 anos-luz de distância da Terra.

AS ESTRELAS TÊM COR?

Sim, elas têm. Uma estrela pode ser vermelha, laranja, amarela, azul ou branca, dependendo da sua temperatura. O Sol, cuja aparência é quase branca, é um pouco mais frio do que as estrelas azuis, que são mais quentes. As estrelas vermelhas são as mais frias de todas.

Estrelas na Via Láctea

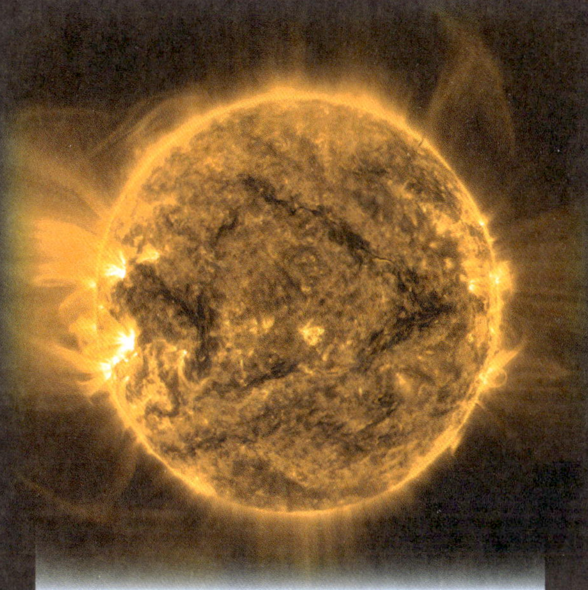

O Sol

COMO UMA ESTRELA QUEIMA CONSTANTEMENTE?

Em estrelas de tamanho médio, como o nosso Sol, o calor gerado no núcleo empurra o gás para fora com a mesma força que a gravidade o puxa, de modo que a estrela arde continuamente durante bilhões de anos. Mas as estrelas nascem e morrem o tempo todo, em todo o Universo. Quanto maior a estrela, menor será sua vida.

A Nebulosa Cabeça de Macaco produz muitas estrelas

Curiosidade:

COMO E ONDE NASCEM AS ESTRELAS?

As estrelas surgem nas nebulosas maiores, ou seja, nas vastas nuvens de poeira e gás espalhadas pelo espaço. Essas nuvens são compostas por 99% de hidrogênio e hélio, além de pequenas quantidades de outros gases e poeira cósmica gelada. As estrelas nascem quando aglomerados de gás são unidos pela sua própria gravidade, e seu interior é comprimido com tanta força que as temperaturas chegam a 10 milhões de graus Celsius. Isso inicia uma reação de fusão nuclear, em que o calor faz a estrela brilhar.

A QUE DISTÂNCIA ESTAMOS DAS ESTRELAS?

A estrela mais próxima de nós (além do Sol), a Proxima Centauri, faz parte do sistema estelar triplo chamado Alpha Centauri, que é visível a olho nu como uma única estrela. As estrelas estão tão distantes que só podemos vê-las como pequenos pontos de luz no céu noturno.

Proxima Centauri

COMO AS ESTRELAS SÃO CLASSIFICADAS?

A forma como as estrelas são classificadas depende de seu tamanho e da intensidade do seu brilho. Grandes estrelas queimam seu combustível muito rapidamente e têm vida curta. Já as estrelas pequenas queimam seus recursos lentamente e podem durar bilhões de anos. A maioria das estrelas possui tamanho semelhante ao do nosso Sol. Mas algumas são gigantes, 100 vezes maiores, ou supergigantes, 300 vezes maiores! As estrelas anãs são muito pequenas - menores que a Terra.

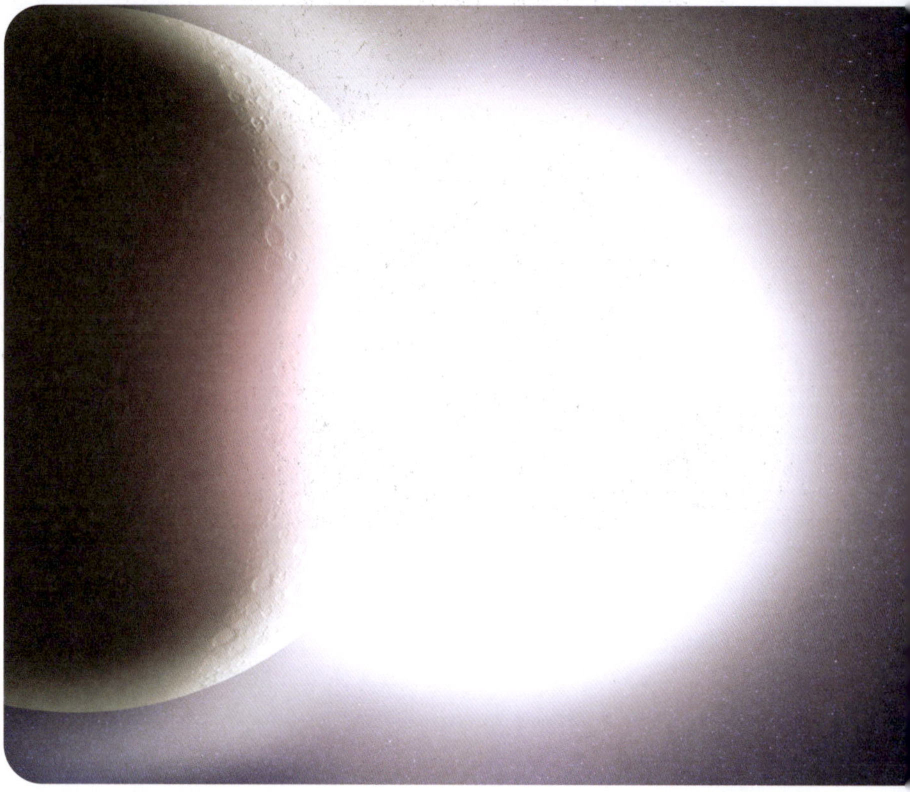

Cygnus OB2-12 em comparação a um planeta

QUAL É O TAMANHO DAS ESTRELAS ANÃS?

As estrelas anãs são estrelas muito pequenas - menores que a Terra. Estrelas bem antigas podem se encolher sob o poder da própria gravidade, até se tornarem estrelas de nêutrons ainda menores - elas não são maiores do que a cidade de Londres, mas podem ser tão densas e pesadas quanto o Sol!

A estrela anã TRAPPIST-1 e o Sol

Curiosidade: O QUE SÃO ESTRELAS GIGANTES VERMELHAS?

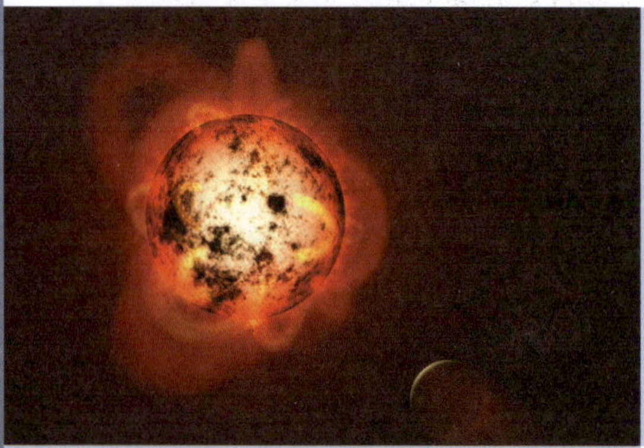

Uma gigante vermelha

As gigantes vermelhas são 20 a 100 vezes maiores que o Sol. Uma gigante vermelha é uma estrela enorme e fria. Ele se forma quando o gás da superfície de uma estrela de tamanho médio, próxima ao fim de sua vida, se expande. Existem também as supergigantes, como a Betelgeuse, que é mais de 500 vezes maior que o Sol, com 700 milhões de quilômetros de diâmetro. Apesar de ser muito mais brilhante do que o nosso Sol, a Cygnus OB2-12 parece bastante escura, pois está a mais de 5.000 anos-luz de distância!

QUIZ rápido!

QUAL É A ZONA HABITÁVEL DE UMA ESTRELA?

É a distância que um planeta deve estar da estrela que orbita, de forma que a temperatura permita haver água líquida e, portanto, a possibilidade de vida; como a distância entre o Sol e a Terra.

QUANDO UMA ESTRELA ABSORVE ENERGIA EM VEZ DE LIBERÁ-LA?

Quando o ferro se forma em seu núcleo.

Estrelas duplas

O QUE SÃO ESTRELAS DUPLAS?

Nosso Sol está sozinho no espaço, mas muitas estrelas têm uma ou mais companheiras próximas. Estrelas duplas são chamadas de binárias.

QUAL É A MAIOR ESTRELA?

É difícil dizer, uma vez que existem tantas estrelas no Universo e que novas estrelas continuam a ser descobertas. Até algum tempo atrás, VY Canis Majoris, a 5.000 anos-luz de distância, era possivelmente a maior estrela conhecida, com mais de 1.500 vezes o tamanho do Sol. Porém, UY Scuti, na constelação de Scutum, tem mais de 1.700 vezes o tamanho do Sol, enquanto NML Cygni, outra hipergigante vermelha, pode ter muito mais de 2.000 vezes o tamanho do Sol!

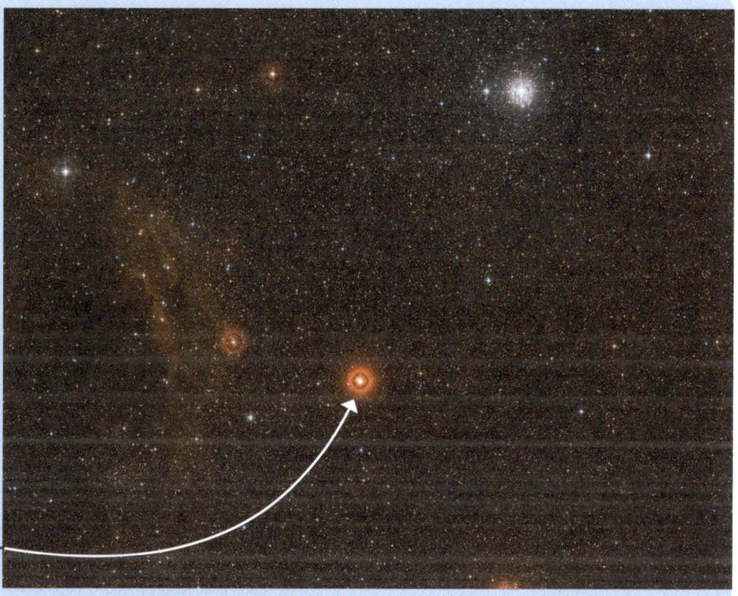

A estrela vermelha gigante VY Canis Majoris

QUAIS ESTRELAS PULSAM?

A luz das estrelas variáveis pode mudar, brilhando mais ou menos, de acordo com o tempo. As estrelas cefeidas são estrelas grandes e antigas que pulsam durante alguns dias ou semanas. RR Lyrae é uma estrela antiga e amarela que pulsa durante apenas algumas horas.

Estrela variável cefeida RS Puppis

QUAL A DISTÂNCIA DA ESTRELA MAIS PRÓXIMA?

O Universo é muito, muito grande. As distâncias entre as estrelas são tão imensas que os astrônomos não as medem em quilômetros, mas em anos-luz - que é a distância que a luz, a coisa mais rápida do Universo e com uma velocidade de cerca de 300.000 quilômetros por segundo, viaja em um ano. Um ano-luz equivale a 9.460 bilhões de quilômetros, e a estrela mais próxima está a cerca de 4,3 anos-luz de distância!

Estrelas no céu noturno

Curiosidade:

COMO SÃO CALCULADAS AS DISTÂNCIAS NO ESPAÇO?

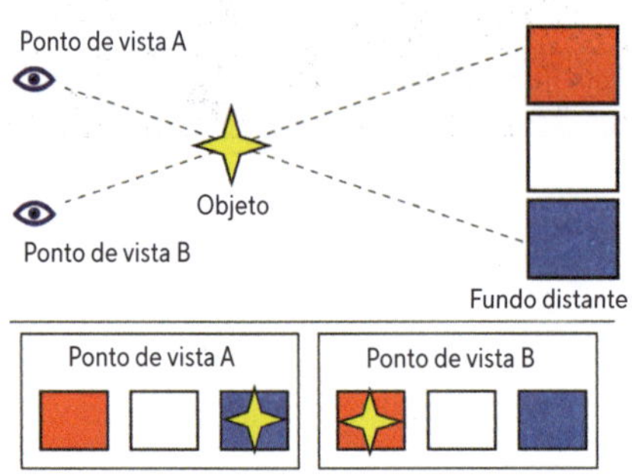

Forma de utilizar paralaxes.

Os astrônomos podem medir grandes distâncias em parsecs. Um parsec equivale a 3,26 anos-luz. As distâncias em parsec são calculadas com o uso da geometria das paralaxes - a forma como uma estrela parece mudar ligeiramente de posição no céu noturno à medida que a Terra se move em torno do Sol. As distâncias das estrelas mais próximas também podem ser calculadas estimando-se o seu brilho. Os astrônomos podem estimar, a partir da cor de uma estrela, quão brilhante ela deveria ser em comparação com as outras. Os feixes de radar são usados para objetos mais próximos, como o Sol e os planetas.

QUAL É O OBJETO MAIS DISTANTE QUE PODEMOS VER A OLHO NU?

A Galáxia de Andrômeda, a cerca de 2,5 milhões de anos-luz de distância. É a mais massiva do grupo local de galáxias, que inclui a nossa Via Láctea. Andrômeda é visível como uma mancha no céu noturno.

Galáxia de Andrômeda

QUIZ rápido!

COM EXCEÇÃO DO SOL, QUAL É A ESTRELA MAIS PRÓXIMA?

Proxima Centauri, a cerca de 4,24 anos-luz, ou 40 trilhões de quilômetros de distância.

Proxima Centauri

A QUE DISTÂNCIA SE ESPALHAM AS ESTRELAS DA GALÁXIA DE ANDRÔMEDA?

Cerca de 220.000 anos-luz de diâmetro.

As estrelas de Andrómeda

QUANTO TEMPO LEVARÍAMOS PARA CHEGAR AO SOL E VOLTAR NA VELOCIDADE DA LUZ?

Dezesseis minutos.

O QUE SÃO QUASARES?

Pertencentes a uma classe de objetos chamados núcleos galácticos ativos, os quasares são os objetos mais distantes que podemos ver com telescópios - o mais distante foi detectado a 13 bilhões de anos-luz. Quasares provavelmente cercam os buracos negros e sua enorme energia os torna mais brilhantes do que todas as outras estrelas próximas.

O QUE É O DESVIO PARA O VERMELHO?

Quando uma galáxia se afasta de nós, as ondas de luz que emanam dela ficam esticadas e parecem mais vermelhas. Quanto maior for este desvio para o vermelho, mais rápido a galáxia está se movendo. Quando uma galáxia se move em nossa direção, as ondas são comprimidas e aparecem em azul.

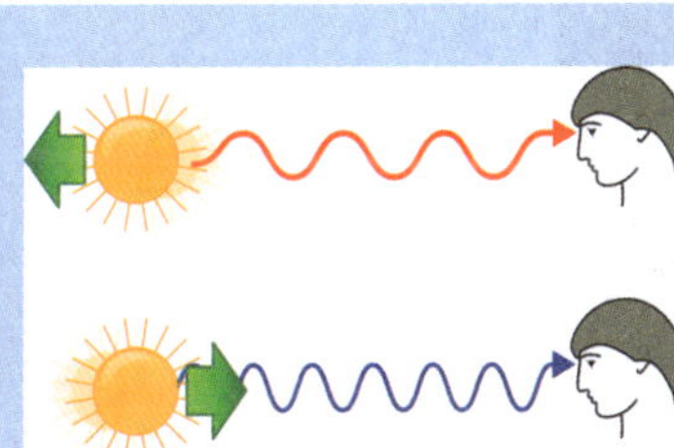

Desvio para o vermelho versus desvio para o azul

O QUE SÃO VELAS PADRÃO?

Para medir a distância até uma determinada estrela, os astrônomos comparam o brilho dela com o de outras que já são conhecidas, denominadas "velas padrão". Quanto mais fraca a estrela parece em comparação, mais distante ela está.

O QUE SÃO CONSTELAÇÕES?

Constelações são padrões de estrelas no céu. Cada padrão tem seu próprio nome. Frequentemente, recebem o nome do objeto ou da figura com a qual se assemelham, como um leão ou uma cruz, por exemplo. As estrelas de uma constelação podem não estar muito próximas umas das outras - elas só parecem estar próximas quando vistas da Terra.

Constelação de Centauro

Olhando para Órion no espaço

O QUE É O CAÇADOR?

A constelação de Órion tem o nome de um caçador da mitologia grega. Isso porque a constelação parece um caçador segurando uma espada. É possível ver a cabeça, os ombros, o cinto de três estrelas, as pernas e a espada do caçador. Órion é uma das constelações mais brilhantes do céu à noite.

QUIZ rápido!

QUAL É A MAIOR CONSTELAÇÃO?

Hydra. Tem o nome de uma cobra d'água de muitas cabeças.

Hydra

DESDE QUANDO AS PESSOAS AGRUPARAM AS ESTRELAS EM CONSTELAÇÕES?

Pelo menos 10.000 anos atrás. Algumas pinturas rupestres encontradas na Europa mostram grupos de estrelas como as que vemos hoje.

COMO AS CONSTELAÇÕES AJUDARAM OS VIAJANTES?

Os marinheiros as observavam para traçar seu caminho pelos mares.

QUANTAS CONSTELAÇÕES EXISTEM?

Oitenta e oito.

Órion

Curiosidade:

COMO AS ESTRELAS DE UMA CONSTELAÇÃO ESTÃO LIGADAS?

Não existe uma ligação real entre as estrelas de uma constelação - os padrões são totalmente imaginários. Mas sem as constelações para nos ajudar seria difícil localizar as estrelas no céu, uma vez que existem cerca de 1.500 estrelas visíveis em uma noite escura. Se você conseguir reconhecer a constelação de Órion pelo seu padrão, poderá identificar imediatamente as estrelas no cinturão, o ombro e o pé do caçador. Você pode até usar Órion como referência para identificar outras constelações ao seu redor.

ONDE ESTÁ A ESTRELA POLAR?

A Estrela Polar é uma estrela brilhante que fica diretamente acima do Polo Norte. Também é chamada de Polaris ou Alpha Ursae Minoris, pois é a estrela mais brilhante da constelação da Ursa Menor. Quando fotografadas com uma longa exposição, todas as estrelas parecem orbitar em torno da Estrela Polar enquanto a Terra gira.

Polaris, a Estrela Polar

O QUE SÃO ALPHA E BETA?

As estrelas de cada constelação têm nomes de letras do alfabeto grego. Geralmente, a estrela mais brilhante de cada constelação é chamada de Alpha; a próxima, de Beta, e assim por diante. Portanto, Alpha Centauri é a estrela mais brilhante da constelação de Centauro.

O QUE É O ARADO?

O Arado é a parte mais visível da constelação da Ursa Maior, uma das constelações mais conhecidas no céu do norte. Traçando uma linha imaginária entre Dubhe e Merak, duas estrelas do Arado, podemos localizar a Estrela Polar.

O QUE SÃO GRUPOS OU AGLOMERADOS DE ESTRELAS?

As estrelas raramente estão sozinhas dentro de uma galáxia. Elas tendem a estar em grupos multiestelares, ou aglomerados, que são mantidos juntos pela força da gravidade um do outro. Os aglomerados globulares são grandes e redondos e contêm centenas de milhares, às vezes milhões, de estrelas antigas. Os aglomerados abertos ou galácticos são irregulares e pequenos, compostos por algumas centenas ou milhares de estrelas.

Um aglomerado de estrelas antigas

Curiosidade:

A VIA LÁCTEA TEM AGLOMERADOS DE ESTRELAS?

Há mais de 150 aglomerados globulares de estrelas conhecidos na Via Láctea. Cerca de um terço deles está localizado próximo ao centro da galáxia. Alguns aglomerados têm massas iguais a um milhão de sóis. Alguns são tão antigos quanto o próprio Universo. A maioria dos aglomerados abertos encontra-se nos braços espirais da galáxia e podem ser usados para diferenciar sua forma. As estrelas mais brilhantes nos aglomerados abertos são 150.000 vezes mais brilhantes que o Sol!

A Via Láctea

DUAS ESTRELAS PODEM EXISTIR JUNTAS?

Nosso Sol está sozinho no espaço, mas muitas estrelas têm uma ou mais companheiras próximas. Quando isso acontece, elas são chamadas de binárias. Na verdade, pelo menos 80% das estrelas que vemos no céu, e que parecem pontos únicos de luz, são binárias. Para diferenciá-las, a mais brilhante das duas estrelas é denominada "primária", enquanto a mais fraca é conhecida como "secundária".

Visão artística do sistema estelar binário AR Scorpii

O QUE SÃO AS PLÊIADES?

As Plêiades são um aglomerado de mais de 1.000 estrelas - sete das quais são visíveis a olho nu - que se formaram na mesma nuvem de poeira e gás. As estrelas são mantidas juntas pela gravidade. O nome Plêiades veio do nome das sete filhas do deus Atlas, da mitologia grega.

Plêiades

QUIZ rápido!

Aglomerado de estrelas

QUE TIPO DE ESTRELA FAZ PARTE DOS AGLOMERADOS GLOBULARES?

Estrelas muito antigas e pequenas.

Na borda da galáxia

O QUE OS AGLOMERADOS DE ESTRELAS NOS ENSINAM SOBRE NOSSO SISTEMA SOLAR?

Que ele não está localizado no centro da galáxia, como se acreditava anteriormente, mas perto da sua borda.

O QUE OS AGLOMERADOS DE ESTRELAS NOS ENSINAM SOBRE A IDADE DO UNIVERSO?

Que ele tem cerca de 13,7 bilhões de anos.

QUAL É O NOME DA ESTRELA COMPANHEIRA DE SIRIUS, A ESTRELA DO CÃO?

Filhote!

O QUE FAZ AS ESTRELAS BRILHAREM?

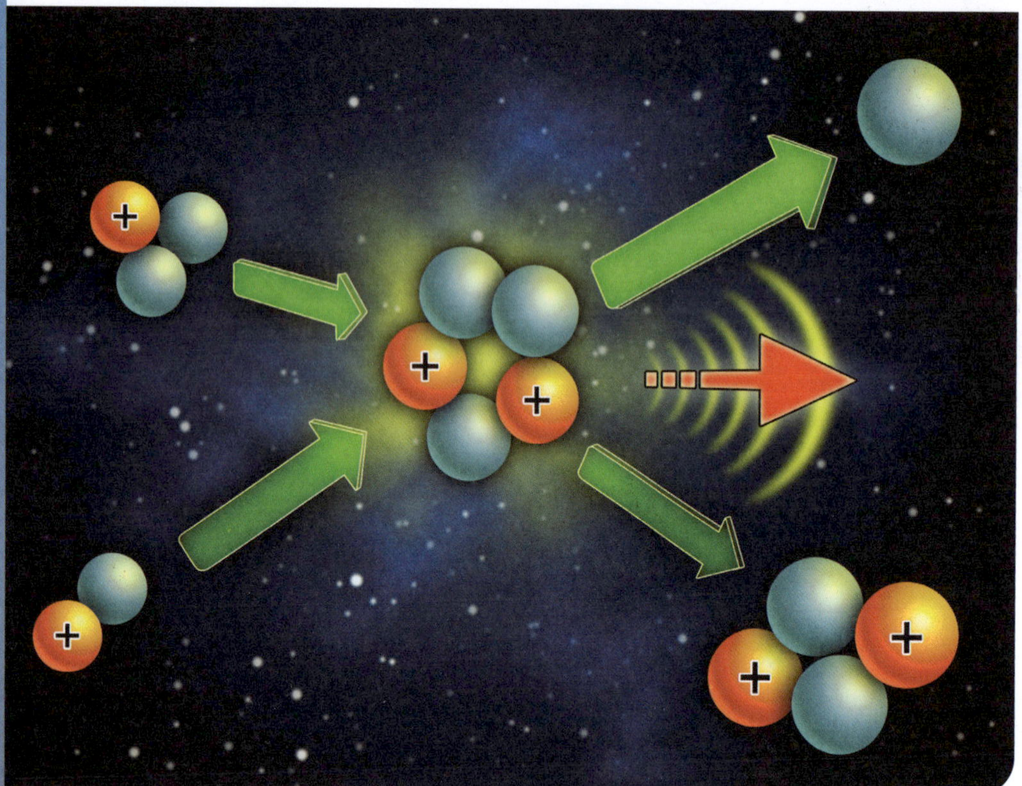

As estrelas brilham porque a enorme pressão em seu interior gera reações de fusão nuclear nas quais os átomos de hidrogênio se unem, liberando enormes quantidades de energia.

As estrelas liberam energia nuclear.

QUIZ rápido!

O QUE É UMA ESTRELA VERMELHA?

As estrelas mais antigas são frequentemente mais frias e escuras, o que lhes dá um brilho avermelhado.

Estrelas vermelhas são mais antigas e frias.

O QUE SÃO ESTRELAS BRANCAS?

São estrelas jovens que muitas vezes queimam de forma intensa e brilhante e que podem ser vistas como luzes branco-azuladas no céu noturno.

O QUE A LUZ DAS ESTRELAS NOS DIZ?

A cor da luz das estrelas nos diz quão quentes elas são e quantos anos têm.

POR QUE AS ESTRELAS CINTILAM?

Porque a atmosfera da Terra nunca fica parada, então a luz das estrelas cintila quando atravessa o ar em movimento. A luz dos planetas mais próximos não é tão distorcida; por isso, eles não cintilam.

A luz das estrelas é distorcida pela atmosfera da Terra.

As estrelas Wolf-Rayet são algumas das estrelas mais quentes.

QUAL É A TEMPERATURA DAS ESTRELAS?

A temperatura da superfície das estrelas mais quentes e brilhantes é superior a 55.500°C.

QUAL É A ESTRELA MAIS BRILHANTE?

Eta Carinae é um sistema estelar com duas estrelas. A estrela maior brilha tanto quanto 4,7 milhões de sóis. Um concorrente próximo é a estrela da Nebulosa Peony, com a luz de cerca de 3,2 milhões de sóis.

Eta Carinae

Curiosidade:

DE QUE COR SÃO AS ESTRELAS?

A cor de uma estrela depende de quão brilhante ela é. O diagrama Hertzsprung-Russell mostra a relação entre a luminosidade (brilho) de uma estrela e sua temperatura. As estrelas mais quentes são mais brilhantes e com coloração branca ou azul, enquanto as estrelas mais frias são mais fracas e têm um brilho avermelhado. Os astrônomos usam o diagrama de Hertzsprung-Russell para classificar as estrelas pela sua temperatura, cor ou luminosidade.

O diagrama de Hertzsprung-Russell

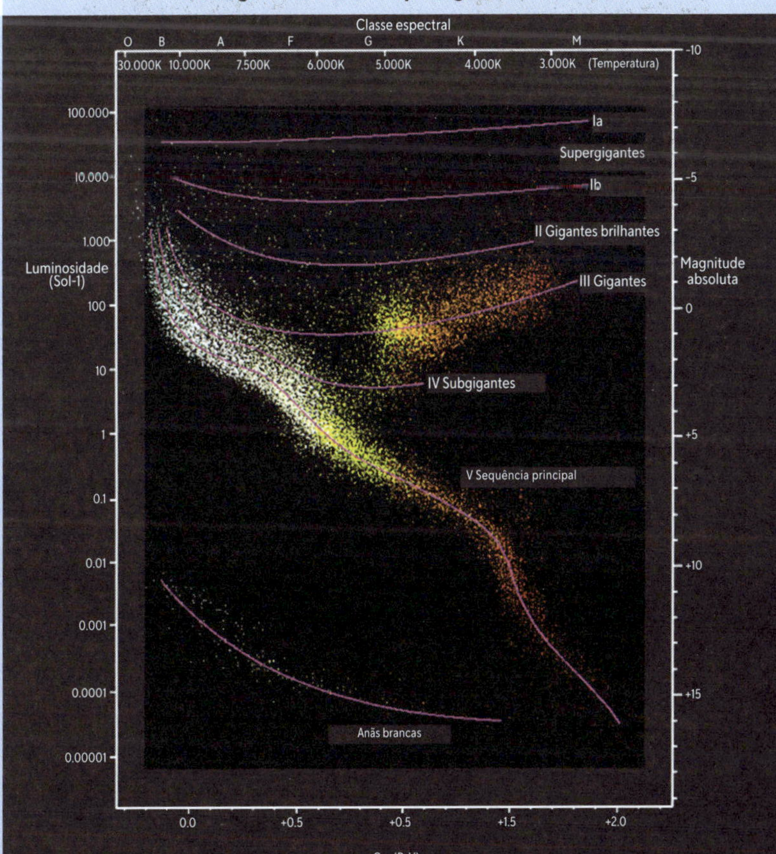

POR QUE AS ESTRELAS MORREM?

As estrelas produzem energia transformando hidrogênio em hélio. Quando o hidrogênio se esgota, a estrela encolhe para queimar o hélio. No final da sua vida, a estrela utiliza quaisquer outros combustíveis nucleares disponíveis. Por fim, quando todos seus suprimentos de energia se acabam, ela morre.

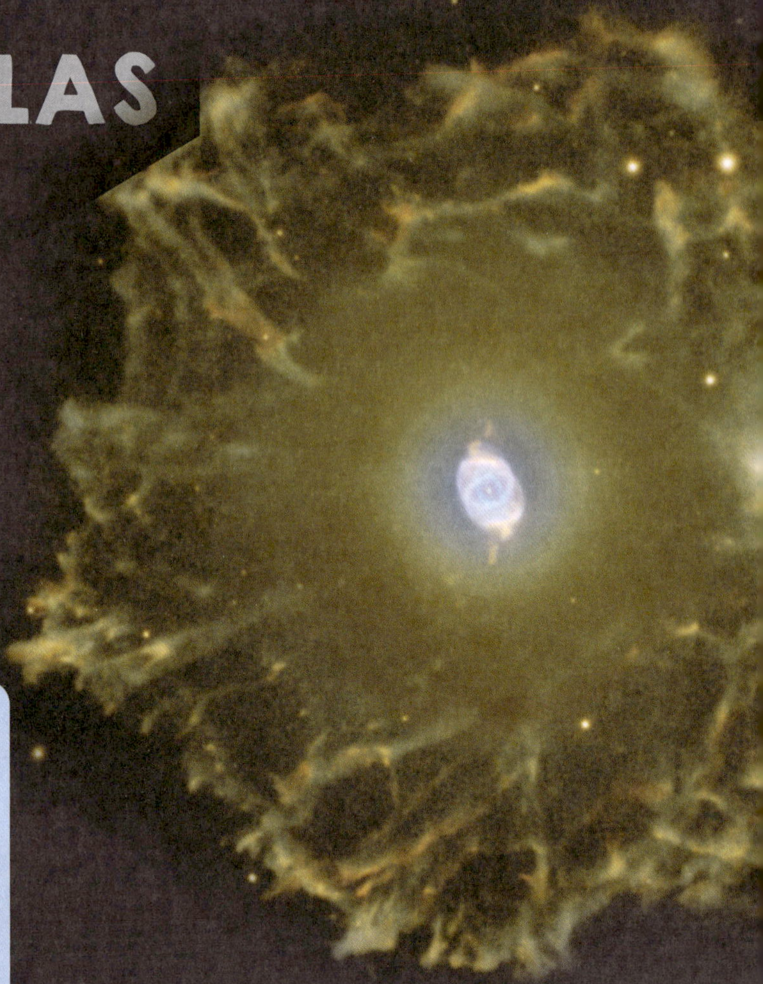

A Nebulosa Olho de Gato é uma estrela moribunda.

Um halo gasoso envolve a Nebulosa Olho de Gato.

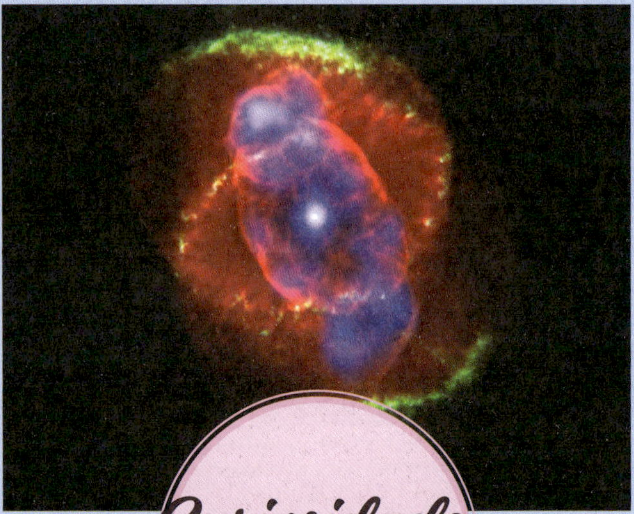

Curiosidade: O QUE ACONTECE QUANDO AS ESTRELAS MORREM?

Quando uma estrela esgota toda a sua energia, ela explode, encolhe, esfria ou se torna um buraco negro. Quando o hélio acaba, as camadas externas esfriam e a estrela aumenta até se tornar uma gigante vermelha. As maiores estrelas continuam se expandindo até se tornarem supergigantes, com núcleos tão pressurizados que o carbono e o silício se unem para formar o ferro. O tempo que leva para chegar a esse ponto depende do tamanho da estrela.

QUANTO TEMPO VIVEM AS ESTRELAS?

As estrelas morrem e nascem o tempo todo. As maiores e mais brilhantes têm muito combustível nuclear, mas morrem jovens, com cerca de 10 milhões de anos. Estrelas de tamanho médio, como o nosso Sol, vivem cerca de 10 bilhões de anos. Já as estrelas menores, apesar de terem pouco combustível nuclear, queimam de forma bem lenta. Uma estrela que é duas vezes maior que o Sol vive apenas um décimo da vida desse astro.

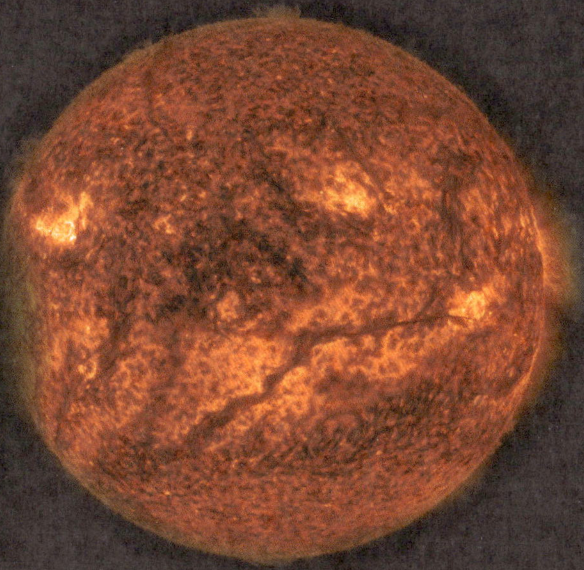

O Sol ainda arde forte.

COMO NOSSO SOL MORRERÁ?

O Sol esgotará o seu combustível de hidrogênio dentro de 5 bilhões de anos, aproximadamente. Seu núcleo entrará em colapso e ficará quente o suficiente para inflamar seus átomos de hélio. O Sol então vai se expandir até se tornar uma estrela gigante vermelha. Suas camadas externas irão se afastar, formando uma nebulosa planetária, deixando para trás o núcleo do Sol, que irá esfriar gradualmente.

O QUE É UMA SUPERNOVA?

Supernova 1987A

É uma explosão imensa que destrói uma estrela supergigante. Por alguns minutos, a supernova queima com o brilho de um bilhão de sóis. As supernovas geralmente são visíveis apenas pelo telescópio. Mas em 1987, pela primeira vez em 400 anos, uma supernova (Supernova 1987A) tornou-se visível a olho nu.

O QUE SÃO OS HOMENZINHOS VERDES?

Nas profundezas do espaço, existem restos minúsculos e densos de supernovas, conhecidos como estrelas de nêutrons. Eles são chamados de pulsares ou de homenzinhos verdes (*little green men* - LGM). À medida que giram, emitem sinais de rádio de alta energia que são captados por instrumentos na Terra.

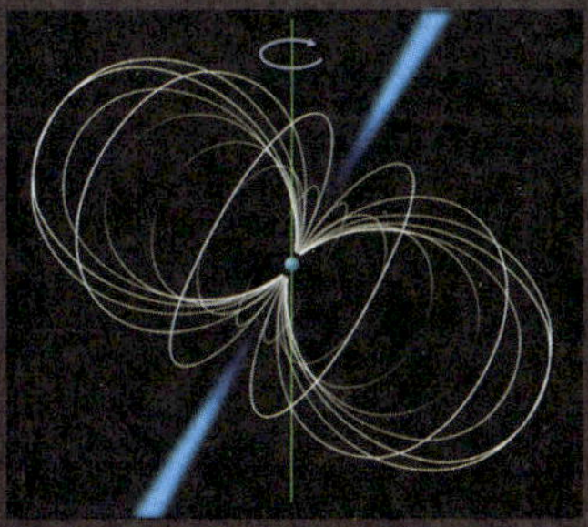

Diagrama ilustrando o pulsar.

QUIZ rápido!

QUANTA ENERGIA UMA SUPERNOVA PODE ENVIAR?

Mais em poucos segundos do que o nosso Sol em 200 milhões de anos.

Uma supernova brilha intensamente.

QUANTO PESARIA UMA COLHER DE CHÁ FEITA DO MATERIAL DE UMA ESTRELA DE NÊUTRONS?

Cerca de 10 bilhões de toneladas!

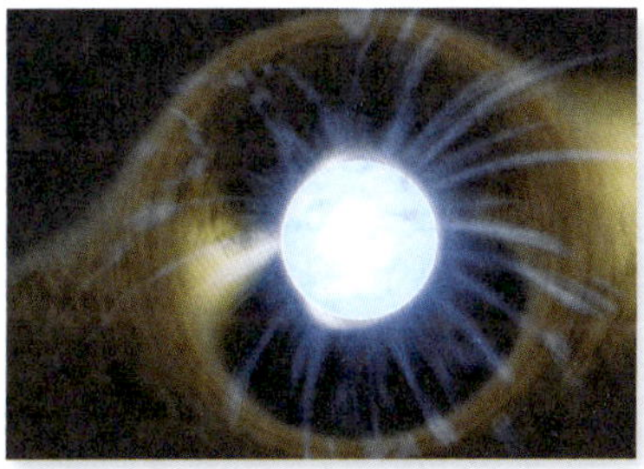

Uma estrela de nêutrons

O QUE ACONTECE EM UMA EXPLOSÃO DE SUPERNOVA?

Os gases explodem a uma velocidade entre 15.000 e 40.000 quilômetros por segundo.

SISTEMA SOLAR

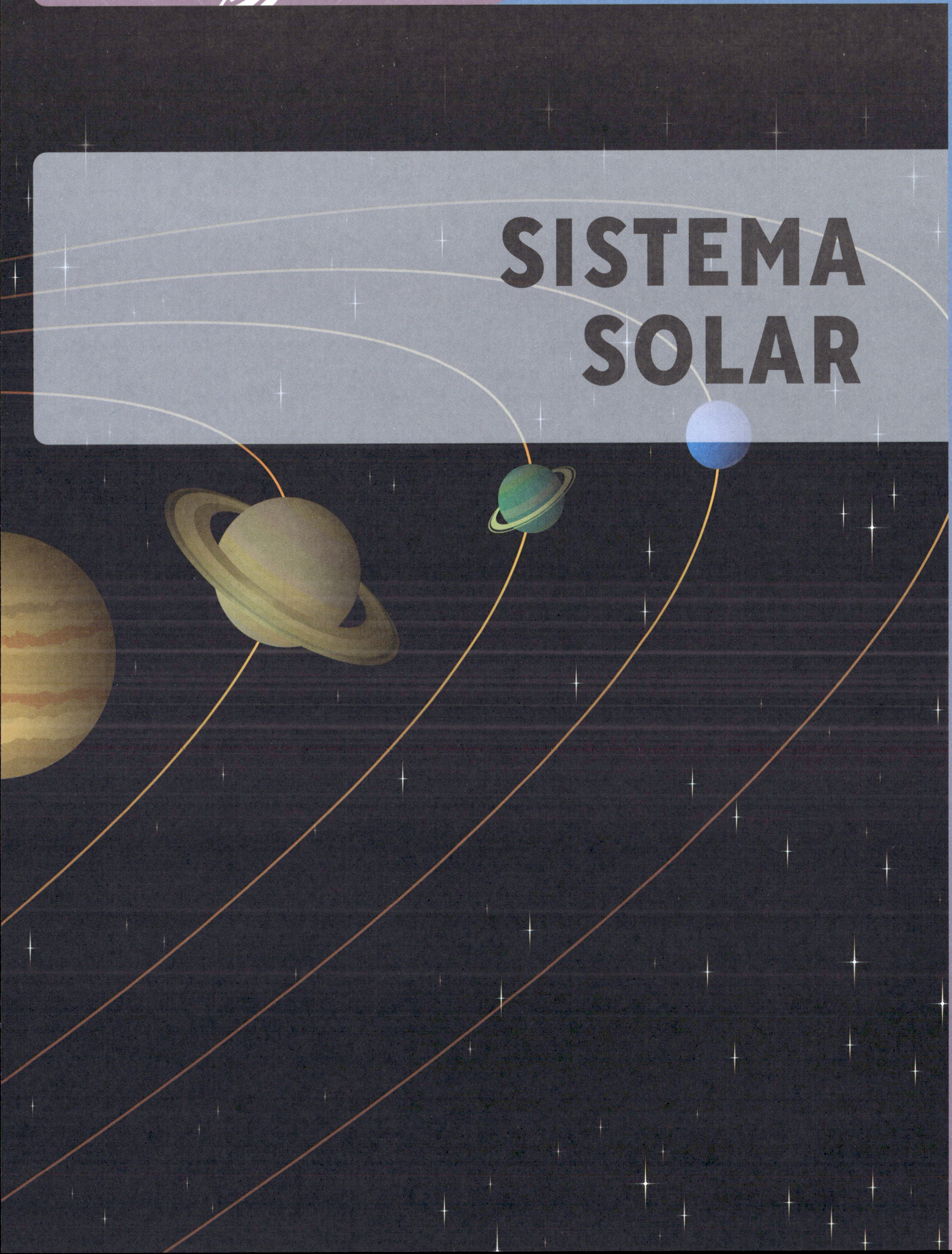

DO QUE O NOSSO SISTEMA SOLAR É FORMADO?

Nosso Sistema Solar inclui o Sol, oito planetas e suas luas, planetas-anões e outros astros de rocha, gelo e metal, como asteroides e cometas. O Sol é uma estrela e representa 99% da massa do nosso Sistema Solar.

Nosso Sistema Solar

Planetas internos

Curiosidade:

QUAIS SÃO OS OS PLANETAS INTERNOS?

Mercúrio, Marte, Terra e Vênus são conhecidos como planetas internos. Localizados dentro do cinturão de asteroides, esses quatro planetas orbitam mais próximos ao Sol. Embora menores do que alguns dos planetas externos, eles são feitos de rocha e compartilham uma estrutura semelhante à de um ovo. Cada planeta tem uma "casca" dura, ou crosta rochosa; uma "clara", ou rocha macia e semifundida; e uma "gema", ou núcleo de ferro e níquel quentes, muitas vezes derretidos. Cada planeta tem uma atmosfera de gás diferente dos outros. Esses planetas também são chamados de terrestres (semelhantes à Terra) por causa da camada dura de sua superfície - essa crosta é o que torna possível que naves espaciais pousem neles.

O QUE SÃO GIGANTES GASOSOS?

Júpiter, Saturno, Urano e Netuno são chamados de gigantes gasosos. Isso porque eles são grandes e constituídos por nuvens rodopiantes de gases, tais como hidrogênio e hélio, sem rocha ou outro mineral duro. Ou seja, esses planetas não possuem uma superfície sólida.

Júpiter, Saturno, Urano e Netuno

O QUE É O CINTURÃO DE KUIPER?

É uma região do Sistema Solar que fica além de Netuno. Milhares de objetos relativamente pequenos e congelados orbitam por lá.

Cinturão de Kuiper

QUIZ rápido!

QUEM DESCOBRIU URANO?

William Herschel, em 1781.

William Herschel

O QUE TORNA A LUA DE NETUNO, CHAMADA DE TRITÃO, ÚNICA?

O fato de ser a única lua que tem a órbita retrógrada, ou seja, no sentido oposto ao da rotação do planeta.

QUAIS DOS QUATRO PLANETAS INTERIORES TÊM LUAS?

Marte e Terra.

QUAL PLANETA TEM MAIS ÁGUA NA SUA SUPERFÍCIE?

Terra.

NOSSO SOL TAMBÉM ESTÁ EM ÓRBITA?

Nosso Sistema Solar faz parte de uma galáxia maior chamada Via Láctea. O Sol, que está no centro do nosso Sistema Solar, orbita em torno do centro da Via Láctea. O nosso Sistema Solar leva cerca de 225 a 250 milhões de anos para completar uma órbita na Via Láctea.

O QUE SÃO GIGANTES DE GELO?

Netuno e Urano, localizados depois de Saturno, são o sétimo e o oitavo planetas do nosso Sistema Solar. Mais distantes do Sol, esses gigantes gasosos também são chamados de gigantes de gelo, porque contêm uma grande quantidade de água congelada, metano e amônia.

Netuno

Urano

O QUE É O SOL?

O Sol é uma estrela - uma vasta bola giratória de gases quentes, com três quartos de hidrogênio e um quarto de hélio. Mais de um milhão de planetas Terra caberiam dentro do Sol. Sua enorme massa provoca pressões gigantescas em seu núcleo. Tais pressões aumentam a temperatura para 15 bilhões de graus Celsius. Todo esse calor transforma a superfície do Sol em um incêndio furioso, ardendo com tanta intensidade que ilumina a Terra, mesmo estando a mais de 147,5 milhões de quilômetros de distância!

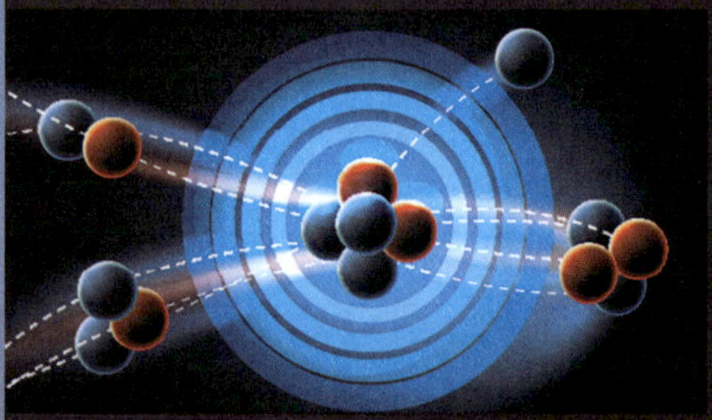
Fusão nuclear

O QUE FAZ O SOL QUEIMAR?

O calor do Sol provém da fusão nuclear. Enormes pressões em seu interior forçam os núcleos dos átomos de hidrogênio a se fundirem para formar átomos de hélio, liberando grandes quantidades de energia nuclear.

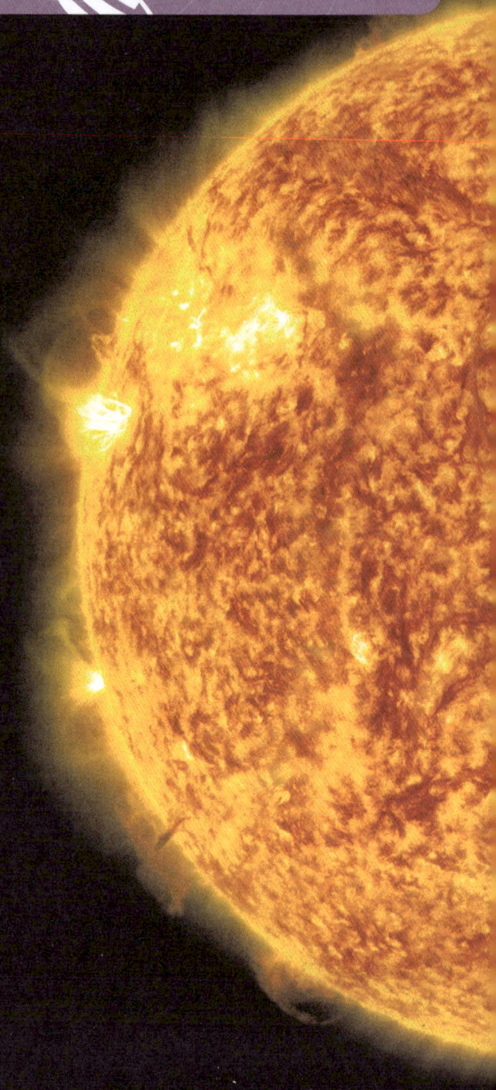
O Sol escaldante

Curiosidade: O QUE ACONTECE DENTRO DO SOL?

As pressões no núcleo do Sol são 2.000 bilhões de vezes a pressão da atmosfera da Terra. Essas forças unem tantos átomos de hidrogênio que é como se 100 bilhões de bombas nucleares explodissem a cada segundo! O calor do núcleo do Sol irrompe na superfície em manchas, chamadas grânulos, e as temperaturas atingem incríveis 6.000°C. Chamas gigantes de hidrogênio quente, chamadas proeminências solares, são lançadas no espaço a uma distância de até a 100.000 quilômetros. De vez em quando, enormes erupções de energia que duram cerca de cinco minutos, denominadas explosões solares, também irrompem na superfície.
As manchas solares - manchas escuras com mais de 50 vezes o tamanho da África - marcam áreas que são, temporariamente, um pouco mais frias.

Manchas escuras e explosões solares

QUANTOS ANOS TEM O SOL?

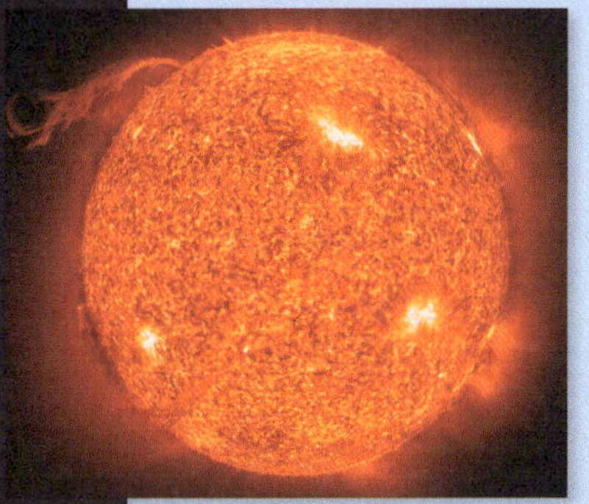

Calor do Sol

O Sol é uma estrela de meia-idade. Provavelmente se formou há cerca de 4,6 bilhões de anos. É provável que queime por mais 5 bilhões de anos até morrer em uma explosão tão brilhante que a Terra será incinerada!

O QUE É O VENTO SOLAR?

A centenas de quilômetros por segundo, estão fluindo do Sol um milhão de toneladas de partículas eletricamente carregadas. Esse fluxo de partículas é chamado de vento solar. A Terra está protegida desse vento letal pelo seu campo magnético.

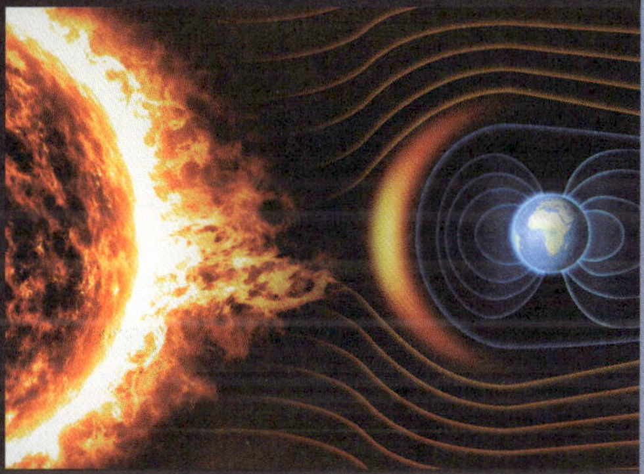

Vento solar e campo magnético da Terra

QUIZ rápido!

QUAL É O DIÂMETRO DO SOL?

O Sol é uma estrela de tamanho médio, com 1.392.000 quilômetros de diâmetro - ou seja, possui mais de 100 vezes o diâmetro da Terra.

QUANTO TEMPO DURA UMA PROEMINÊNCIA SOLAR?

Uma proeminência solar se forma em cerca de um dia e pode durar vários meses.

QUANTO PESA O SOL?

O Sol pesa 2.000 trilhões de toneladas - mais de 300.000 vezes o peso da Terra!

QUAL É O CONSUMO DE ENERGIA DO SOL?

O Sol queima 4 milhões de toneladas de combustível de hidrogênio a cada segundo.

O QUE É A LUA?

A Lua é o satélite natural da Terra. Um satélite natural é um objeto no espaço que orbita um planeta ou outro corpo maior que ele. O maior e mais brilhante objeto no céu noturno, a Lua, parece brilhar como um Sol pálido. É a companheira da Terra no espaço e gira continuamente ao seu redor.

Lua da Terra

Curiosidade:

QUAIS SÃO AS FASES DA LUA?

Fases da Lua

Apenas a parte da Lua iluminada pelo Sol é brilhante o suficiente para que possamos ver. À medida que a Lua circunda a Terra, o Sol brilha sobre ela em ângulos diferentes, fazendo com que ela pareça ter formas distintas ao longo do mês. Essas "mudanças" em sua forma são chamadas de "fases". Quando a Lua está na fase "nova", não conseguimos enxergá-la no céu. Aos poucos, ela vai se revelando e parece ir aumentando de tamanho, o que chamamos de fase "crescente". Quando a Lua fica completamente iluminada no céu, como uma grande bola, damos o nome de lua "cheia". Depois disso, ela parece ir diminuindo, ficando cada vez menor até desaparecer novamente. Essa fase é chamada de "minguante".

HÁ QUANTO TEMPO A LUA EXISTE?

A Lua orbita a Terra há pelo menos 4 bilhões de anos. A maioria dos cientistas acredita que esse satélite natural se formou quando, no início da história da Terra, um planeta colidiu com ela. O impacto foi tão grande que nada restou do planeta que atingiu a Terra, a não ser alguns fragmentos, que foram lançados de volta ao espaço. Esses fragmentos, em conjunto com os detritos da própria Terra, resultantes da colisão, foram unidos pela gravidade, formando, assim, a Lua.

QUIZ rápido!

O QUE É **É LUA DA COLHEITA?**

A lua da colheita se refere à lua cheia, que ocorre mais perto do equinócio de outono (quando a noite e o dia têm a mesma duração).

A lua cheia

POR QUE A **LUA PARECE DO MESMO TAMANHO DO SOL VISTA DA TERRA?**

Porque está muito mais perto da Terra do que o Sol.

EXISTEM **OUTRAS LUAS?**

Cerca de 240 corpos, todos no nosso Sistema Solar, são classificados como luas.

QUANTO **DURA UM MÊS?**

A palavra "mês" vem do latim *movimentum, movere*, que significa "mover, deslocar", e descreve o tempo aproximado que a Lua leva para dar uma volta ao redor da Terra. Esse ciclo de 29,53 dias é chamado de "mês lunar", cuja duração é sempre fixa, o que difere do nosso calendário atual, no qual a duração dos meses varia.

Terra vista da Lua

O QUE É O **LUAR?**

Luar

A Lua é um bloco de rocha grande e frio. Ela não emite nenhuma luz. O luar nada mais é do que a luz do Sol refletindo na poeira pálida da superfície da Lua. No entanto, o luar faz desse satélite natural o objeto mais brilhante do céu noturno.

COMO É A ATMOSFERA DE MERCÚRIO?

Ilustração da paisagem de Mercúrio

Mercúrio é o planeta mais próximo do Sol em nosso Sistema Solar. Está a 45,9 milhões de quilômetros desse astro no ponto mais próximo da sua órbita, e a 69,7 milhões de quilômetros no ponto mais distante. A atmosfera de Mercúrio, também chamada de exosfera, é tão fina que não há nada que impeça a colisão de meteoros com a sua superfície – e nada para disfarçar as crateras. Portanto, sua superfície é profundamente marcada por impactos; tudo o que você veria em uma viagem para Mercúrio seriam vastas bacias vazias, penhascos e uma interminável poeira amarela.

QUIZ rápido!

MERCÚRIO PODE SER VISTO SEM UM TELESCÓPIO?

Sim.

Mercúrio visto sem telescópio

MERCÚRIO TEM LUA?

Não.

EXISTEM MONTANHAS E VALES NA SUPERFÍCIE DE MERCÚRIO?

Sim.

ALGUMA ESPAÇONAVE JÁ FOI A MERCÚRIO?

Aproximar-se desse planeta é difícil, porque ele fica muito perto do Sol. Apenas duas naves espaciais não tripuladas estiveram perto de Mercúrio. Está em curso uma terceira missão que deverá chegar ao planeta em 2025.

A nave espacial Messenger perto de Mercúrio

MERCÚRIO TEM GELO?

Mercúrio tem pequenas calotas polares em cada polo - mas o gelo é ácido congelado, não água!

Calotas polares em Mercúrio

QUANTO TEMPO DURA UM DIA EM MERCÚRIO?

O dia de um planeta é medido pelo tempo que ele leva para girar uma vez em torno de seu próprio eixo. Mercúrio gira lentamente em comparação com a Terra. São necessários 59 dias terrestres para ele dar um giro completo.

Mercúrio orbitando o Sol.

O planeta mais próximo do Sol

Curiosidade:

POR QUE A TEMPERATURA EM MERCÚRIO É TÃO EXTREMA?

As temperaturas em Mercúrio variam de um extremo a outro porque o planeta gira muito lentamente e sua atmosfera é fina demais para fornecer qualquer isolamento. Durante o dia, as temperaturas sobem até 430°C, mas à noite caem para quase -180°C. Essa é a mudança de temperatura mais extrema de qualquer planeta no nosso Sistema Solar. Além disso, ao contrário da Terra, Mercúrio quase não tem inclinação no seu eixo, por isso, as temperaturas nos seus polos sul e norte são quase iguais.

É POSSÍVEL RESPIRAR EM MERCÚRIO?

Não sem o seu próprio suprimento de oxigênio. Mercúrio quase não tem atmosfera - apenas algumas partículas de sódio, porque os gases são queimados pelo Sol.

A superfície inóspita de Mercúrio

POR QUE VÊNUS É CHAMADO DE ESTRELA DA NOITE?

Vênus sobre o Oceano Pacífico

Vênus é o terceiro objeto mais brilhante no céu visto da Terra - apenas o Sol e a Lua brilham mais. Antes de ser conhecido como um planeta, as pessoas pensavam que Vênus era uma estrela que surgia ao anoitecer. Por estar próximo do Sol, o planeta só pode ser visto quando escurece, mas ele desaparece do céu à meia-noite, tornando-se visível novamente pouco antes do nascer do sol.

POR QUE A ROTAÇÃO DE VÊNUS É ÚNICA?

A maioria dos planetas do nosso Sistema Solar gira no sentido anti-horário em seu eixo, mas Vênus gira no sentido horário. Supõe-se que essa mudança de direção ocorreu devido a uma colisão com um asteroide ou outro grande objeto. Como não tem inclinação em seu eixo, Vênus não tem estações.

Curiosidade: POR QUE VÊNUS É QUENTE E ROSADO?

Vênus é o planeta mais quente do nosso Sistema Solar, com uma temperatura superficial de cerca de 400°C. Sua atmosfera turbulenta é composta de vapores brancos de dióxido de carbono e nuvens rosadas de ácido sulfúrico. A acumulação de dióxido de carbono retém o calor do Sol como uma estufa, razão pela qual Vênus é tão quente.
A atmosfera, composta de vapores dos gases dos vulcões, é tão densa que a pressão exercida no exterior do planeta é 90 vezes maior do que a da Terra, e não permite, portanto, a visualização de sua superfície.

A temperatura dos planetas

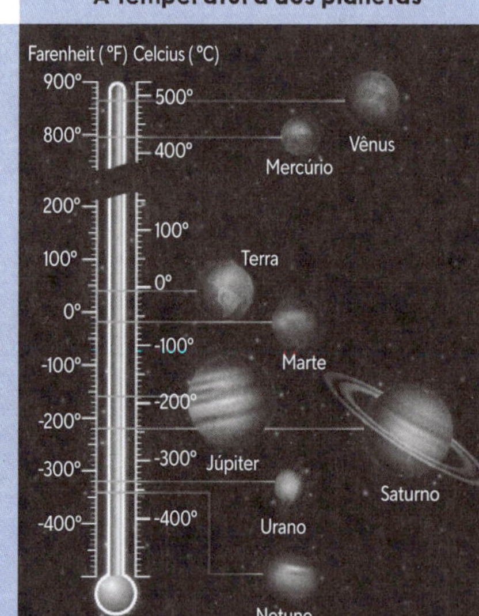

O QUE HÁ DENTRO DE VÊNUS?

A camada de nuvens e a pressão extrema dificultam a coleta de informações sobre Vênus. Imagina-se que, tal como a Terra, Vênus tenha três camadas - crosta, manto e núcleo. Ele não possui campo magnético, então os cientistas presumem que seu núcleo seja sólido.

Vênus observado em seu interior.

POR QUE VÊNUS É CHAMADO DE PLANETA IRMÃO DA TERRA?

A semelhança em tamanho e massa faz com que Vênus seja frequentemente referido como o planeta irmão da Terra. A diferença de diâmetro entre eles é de apenas 638 quilômetros. Ambos também ficam mais próximos um do outro do que os outros planetas do Sistema Solar, com uma distância média de 61 milhões de quilômetros.

Os planetas irmãos

QUIZ rápido!

HÁ ÁGUA EM VÊNUS?

Sim, existem vestígios de água no planeta.

Superfície de Vênus

COMO ESTUDAMOS A SUPERFÍCIE DE VÊNUS?

Vulcão Maat Mons

Através do mapeamento por radar, que cria imagens do relevo.

QUANTAS LUAS VÊNUS TEM?

Nenhuma.

QUEM INSPIROU O NOME DE VÊNUS?

A deusa romana do amor e da beleza.

QUANTO TEMPO DURA UM DIA EM VÊNUS?

Vênus gira muito lentamente em seu eixo; na verdade, ele é tão lento que consegue dar uma volta ao redor do Sol em 225 dias, enquanto leva 243 dias para completar uma única volta em seu eixo. Isso significa que um dia em Vênus dura mais que um ano!

Movimento lento de Vênus

POR QUE MARTE É CHAMADO DE PLANETA VERMELHO?

Marte, o quarto planeta a partir do Sol, tem uma grande quantidade de pó de ferro cobrindo a sua superfície. O oxigênio na atmosfera do planeta reage com esse ferro (no processo conhecido como oxidação), dando-lhe uma cor vermelho enferrujado. Durante as enormes tempestades de poeira a que Marte está sujeito, o planeta pode ficar envolto em poeira vermelha durante meses, o que lhe concedeu o título de "Planeta Vermelho".

A superfície do "Planeta Vermelho"

Fobos e Deimos

QUEM DESCOBRIU AS LUAS DE MARTE?

Em 1877, o astrônomo americano Asaph Hall descobriu as duas luas de Marte. Ele as chamou de Fobos e Deimos, em homenagem aos filhos do deus romano da guerra, Marte. Essas duas luas estão entre as menores do Sistema Solar.

Curiosidade: COMO É A SUPERFÍCIE DE MARTE?

A atmosfera de Marte é mais fina que a da Terra, com mais de 95% de dióxido de carbono e menos de 1% de oxigênio. A temperatura média está muito abaixo de zero. A superfície do planeta é rochosa e coberta por cânions, vulcões, leitos de lagos secos e crateras. Os vulcões estão extintos, mas o Monte Olimpo, três vezes mais alto que o Monte Everest, é o maior vulcão do Sistema Solar. Valles Marineris, um cânion de 4.000 quilômetros de comprimento e quatro vezes mais profundo que o Grand Canyon, é o maior desfiladeiro conhecido no Sistema Solar.

Monte Olimpo

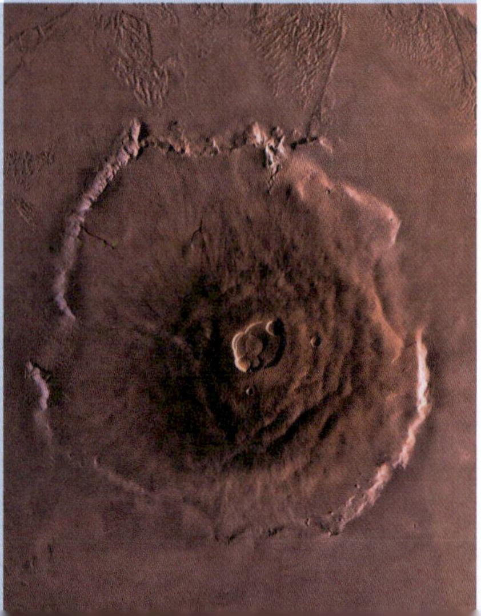

EXISTE VIDA EM MARTE?

Na década de 1970, sondas não tripuladas das missões Viking não encontraram nenhum vestígio de vida. Em 1996, fósseis microscópicos do que poderiam ter sido vírus foram vistos em uma rocha de Marte. No entanto, nesse momento, os cientistas concordam que não foram encontrados sinais positivos de vida.

Sem sinais de vida

O QUE SIGNIFICAM AS MARCAS EM MARTE?

Marcas sazonais, listras escuras em forma de dedos que parecem rios, riachos e pequenos canais, aparecem ao longo das colinas e encostas de Marte, aumentando durante a estação quente do planeta e desaparecendo à medida que esfria. Embora já tenham sido considerados sinais de civilização, são puramente geológicos.

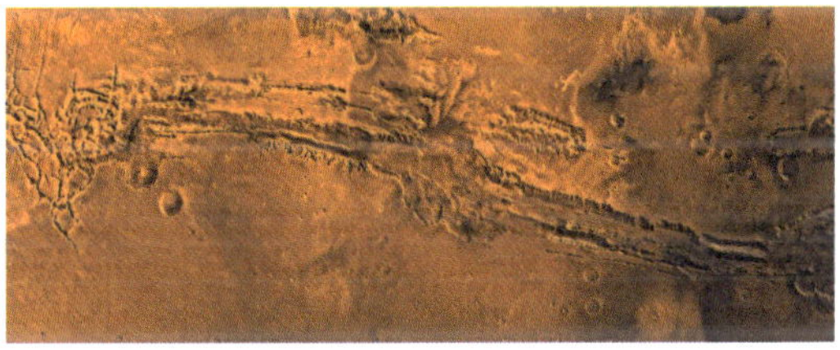

Formações intrigantes na superfície de Marte

Exploração não tripulada de Marte

SERÁ QUE OS HUMANOS POUSARÃO EM MARTE?

Isso é bem possível, mas é improvável que ocorra uma missão tripulada a Marte antes do final da década de 2030. A segurança dos astronautas será uma preocupação principal. Entre outros desafios, Marte não possui uma camada de ozônio para proteger os humanos contra a radiação ultravioleta do Sol.

QUIZ rápido!

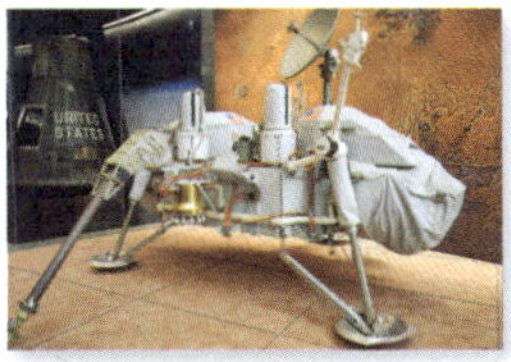

A sonda Mars transportada pelo Pathfinder

QUAL SONDA ESPACIAL POUSOU EM MARTE, EM 1997?

A Mars Pathfinder.

Pôr do sol em Marte

A QUE DISTÂNCIA MARTE FICA DO SOL?

Marte está a quase 227,9 milhões de quilômetros do Sol.

O planeta vermelho enferrujado brilha ao Sol.

QUAL É O TAMANHO DE MARTE?

O diâmetro de Marte é de quase 6.792 quilômetros. Sua massa é pouco mais de um décimo que a da Terra.

Uma paisagem árida

EXISTEM PIRÂMIDES ANTIGAS EM MARTE?

Não. Não há sinais visíveis de civilização.

QUAL É O TAMANHO DE JÚPITER?

O quinto planeta a partir do Sol, Júpiter é um gigante. É duas vezes mais pesado que todos os outros planetas juntos. Embora seja composto principalmente de gás, é tão grande que caberiam 1.300 planetas do tamanho da Terra dentro dele. Seu diâmetro de aproximadamente 139.820 quilômetros é mais de 11 vezes o da Terra.

Júpiter, com seus anéis e listras, e algumas de suas luas

COM QUE VELOCIDADE JÚPITER GIRA?

O planeta que gira mais rápido.

Apesar do seu enorme tamanho, Júpiter gira mais rápido do que qualquer outro planeta. Ele dá um giro completo em apenas 9 horas e 55 minutos, o que significa que a superfície dele se move a impressionantes 45.000 quilômetros por hora.

JÚPITER É COMO UM GRANDE ÍMÃ?

A massa de Júpiter e a velocidade com que ele gira agitam tanto o interior metálico do planeta, que Júpiter se torna um gerador gigante, criando um campo magnético 14 vezes mais forte que o da Terra.

Curiosidade: JÚPITER É FEITO DE GÁS?

Júpiter é um gigante gasoso composto principalmente de hidrogénio e hélio. Mas a gravidade do planeta é tão alta e a pressão interna tão grande que os gases se transformam em líquidos. Abaixo da fina atmosfera de amónia de Júpiter, existe um oceano de hidrogénio líquido com 25.000 quilómetros de profundidade. O planeta está coberto por nuvens espessas, que parecem listras. Essas nuvens têm uma temperatura de cerca de -145°C. Mas a temperatura perto do núcleo é muito mais alta, aproximadamente 24.000°C.

Nuvens rodopiantes na superfície do planeta

O QUE É A **MANCHA VERMELHA DE JÚPITER?**

A Grande Mancha Vermelha é uma enorme tempestade na atmosfera de Júpiter que dura pelo menos 330 anos. Seu tamanho é muito maior que o diâmetro da Terra, embora pareça ter diminuído ao longo dos anos. Naves espaciais capturaram imagens vívidas da tempestade com seu centro vermelho e formações onduladas de nuvens.

A Grande Mancha Vermelha é uma tempestade.

VOCÊ PODERIA **POUSAR EM JÚPITER?**

Não. Mesmo que uma nave espacial pudesse suportar a enorme pressão, Júpiter não tem superfície para pousar. A atmosfera funde-se diretamente com os oceanos profundos de hidrogênio líquido.

Representação da espaçonave Galileo passando por Júpiter.

QUIZ rápido!

O QUE CAUSA AS **TEMPESTADES DE JÚPITER?**

A energia das tempestades de Júpiter não vem do Sol, mas é irradiada pelo próprio planeta.

Um planeta tempestuoso

QUANTOS **VULCÕES A LUA DE JÚPITER, IO, TEM?**

Mais de 400! Cerca de 150 deles estão ativos.

Io

QUANTO TEMPO **JÚPITER LEVA PARA ORBITAR O SOL?**

Cerca de 12 anos terrestres.

QUANTAS LUAS JÚPITER TEM?

Júpiter tem 80 luas confirmadas. O astrônomo italiano Galileu descobriu as quatro maiores - Io, Europa, Ganimedes e Calisto - em 1610, razão pela qual são chamadas de luas galileanas. Duas das maiores luas de Júpiter, Io e Europa, que têm aproximadamente o tamanho da Lua da Terra, podem ser vistas em órbita.

O QUE SÃO OS ANÉIS DE SATURNO?

Vistos pela primeira vez pelo astrônomo italiano Galileu Galilei, em 1610, através de seu telescópio simples, os anéis de Saturno são o disco brilhante do planeta. Os anéis são feitos de bilhões de pedaços de gelo e poeira. Alguns são maiores que uma geladeira, mas a maioria é menor que um cubo de gelo. Os anéis são muito finos, não ultrapassam 50 metros de profundidade, e se estendem por aproximadamente 282.000 quilômetros no espaço.

Saturno com seu disco brilhante de anéis

Curiosidade: O QUE DIFERENCIA SATURNO?

Saturno é o planeta mais bonito do Sistema Solar, com mais luas do que qualquer outro. O gigante gasoso é o sexto planeta a partir do Sol e orbita-o em 10.759 dias. Tem um diâmetro de 120.536 quilômetros e uma massa de 600 bilhões de trilhões de toneladas, o que é mais de 95 vezes a da Terra. Os ventos sopram em sua superfície a cerca de 1.800 quilômetros por hora, mais rápidos até do que os de Júpiter. Composto principalmente de hidrogênio e hélio, o planeta é surpreendentemente leve - se houvesse uma banheira grande o suficiente para colocá-lo dentro, Saturno flutuaria.

O QUE É A DIVISÃO CASSINI?

Os anéis de Saturno ocupam faixas largas, e são identificados pelas letras de A a G. Em 1675, o astrônomo Cassini identificou uma lacuna escura entre os anéis A e B, que agora é chamada de Divisão Cassini, em sua homenagem.

A Divisão Cassini

PODERIA EXISTIR VIDA EM SATURNO?

Não. A atmosfera de Saturno não permite a existência de vida. A temperatura e a pressão são extremas, e o ambiente é muito variável para sustentar a vida.

POR QUE TITÃ É ESPECIAL?

Titã, uma das muitas luas de Saturno, é muito especial por ser a única lua do Sistema Solar com o tipo de atmosfera densa que é vital para propiciar a vida.

Representação artística de uma das luas de Saturno

QUANTOS ANOS TEM SATURNO?

Estima-se que Saturno se formou juntamente com o resto do Sistema Solar há cerca de 4,5 mil milhões de anos, quando a gravidade atraiu massas rodopiantes de gás e poeira, criando esse enorme gigante gasoso.

Saturno faz a Terra parecer pequenina.

QUIZ rápido!

QUAL DAS LUAS DE SATURNO FOI QUASE DIVIDIDA AO MEIO POR UM METEORO GIGANTE?

Tétis.

Tétis

QUAL DAS LUAS DE SATURNO É PRETA E BRANCA?

Jápeto é preta de um lado e branca do outro.

QUAL É A TEMPERATURA EM SATURNO?

A temperatura média no topo da atmosfera gira em torno de -175°C.

COMO SURGIRAM OS ANÉIS DE SATURNO?

Os anéis observados mais de perto.

Presume-se que os anéis de Saturno sejam pedaços de cometas, asteroides ou luas despedaçadas que podem ter se desintegrado antes de chegarem ao planeta. A poderosa gravidade de Saturno quebrou-os ainda mais, em bilhões de pequenos pedaços de gelo e rocha cobertos de poeira.

QUANDO URANO FOI DESCOBERTO?

Urano é o sétimo planeta a partir do Sol em nosso Sistema Solar. Para os astrônomos antigos, ela parecia uma estrela fraca, pois estava muito longe da Terra. Quando o astrônomo britânico William Herschel o descobriu pela primeira vez, em 1781, ele inicialmente pensou que era um cometa, mas logo percebeu seu engano.

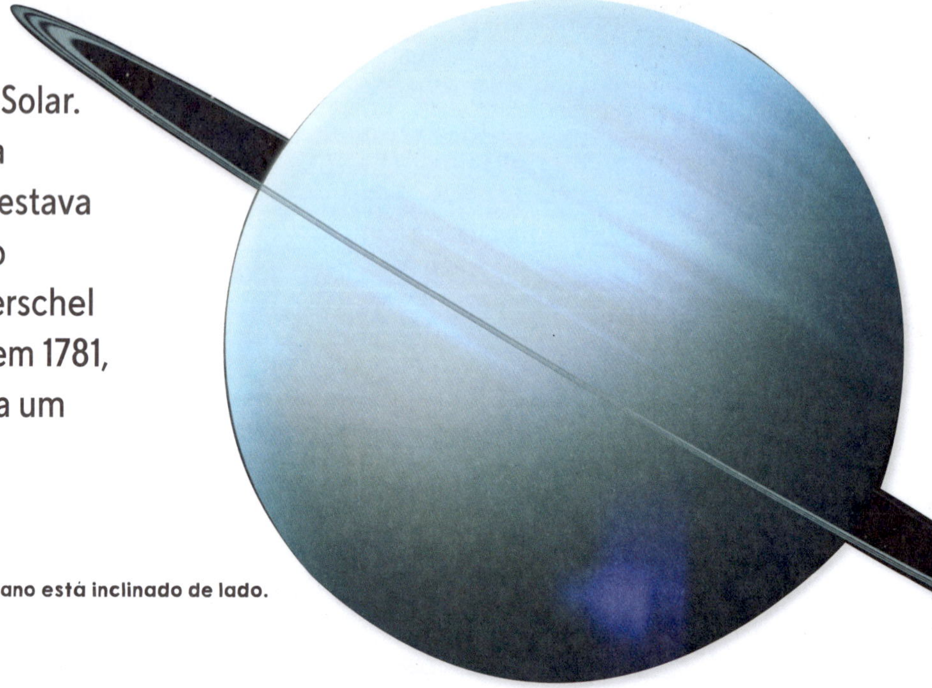

Urano está inclinado de lado.

CHOVE DIAMANTES EM URANO?

Sim! A extrema pressão nas profundezas da atmosfera de Urano combina carbono e hidrogênio para formar diamantes, que depois afundam para se fixarem em torno do núcleo do planeta.

Urano visto de dentro

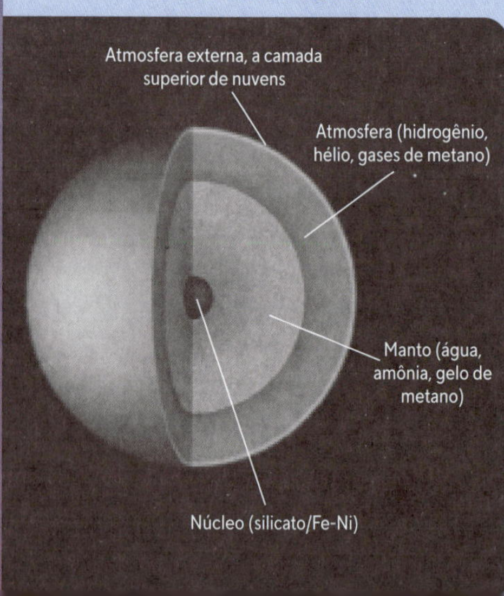

Curiosidade: O QUE DIFERENCIA URANO DOS OUTROS PLANETAS?

Ao contrário de outros planetas, Urano não gira lateralmente. Em vez disso, seu eixo está quase na horizontal, o que o faz rolar em sua órbita em vez de girar, ou seja, ele rotaciona na direção oposta da Terra e da maioria dos outros planetas. Tal como os outros gigantes gasosos, a atmosfera é composta de hidrogénio e hélio, mas por baixo fluem oceanos de metano líquido. O planeta é muito frio e, à medida que ventos de mais de 2.000 quilómetros por hora sopram em sua atmosfera, eles criam enormes ondas nos oceanos gelados de metano, atribuindo ao planeta sua bela cor azul esverdeada.

URANO É O PLANETA MAIS FRIO EM NOSSO SISTEMA SOLAR?

Embora Urano não seja o planeta mais distante do Sol em nosso Sistema Solar, é o mais frio. Seu núcleo é tão gelado que não irradia muita energia. Isso significa que o planeta emite menos calor do que recebe do Sol, de modo que a temperatura da superfície cai até -224°C.

O lugar de Urano no Sistema Solar

QUIZ rápido!

QUANTO TEMPO DURA UM ANO EM URANO?

Um ano em Urano equivale a 84 anos terrestres.

Terra e Urano

QUANTO TEMPO DURA O VERÃO E O INVERNO EM URANO?

Cada um deles dura 42 anos.

URANO PODE SER VISTO A OLHO NU?

Sim, em um céu extremamente escuro.

QUANTAS LUAS TEM URANO?

A existência de 27 luas foi confirmada. A maioria é pequena e irregular, feita de gelo e rocha. Presume-se que cada uma das maiores luas, incluindo Miranda, seja feita de partes iguais de água congelada e silicato. Ariel é a Lua mais brilhante.

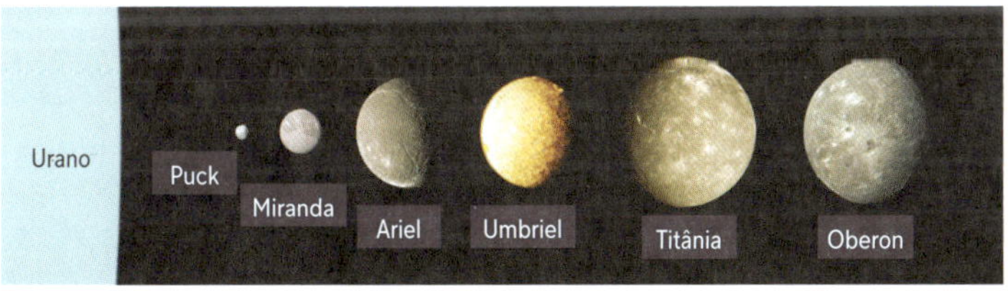

Algumas das luas de Urano

DE ONDE VEIO O NOME DE URANO?

Urano recebeu o nome do deus grego do céu. Muitos nomes foram propostos, mas esse foi o nome finalmente escolhido pelo astrônomo alemão Johann Bode, que mapeou a órbita de Urano.

URANO TEM ANÉIS?

Urano tem anéis, como os outros gigantes gasosos. Até agora, foram identificados 13, sendo que o anel Epsilon é o mais brilhante. Os anéis de Urano são menores que os de Saturno e são feitos de partículas extremamente escuras e pequenas, variando de micrômetros a uma fração de um metro em tamanho e, portanto, pouco perceptíveis.

Urano tem muitos anéis.

COMO NETUNO FOI DESCOBERTO?

Ao estudar Urano, os astrônomos ficaram intrigados com uma perturbação na sua órbita que parecia ser a gravidade de outro planeta o puxando. Mas não existia tal planeta visível a olho nu. Então, no início da década de 1840, os matemáticos John Couch Adams, na Inglaterra, e Urbain Le Verrier, na França, calcularam de onde vinha essa atração.
Em 23 de setembro de 1846, Johann Galle, em Berlim, avistou o planeta misterioso, que foi chamado de Netuno.

Mancha escura e tempestuosa na superfície de Netuno

A cor distinta de Netuno

Curiosidade: NETUNO É O PLANETA COM MAIS VENTO?

Sim, Netuno tem os ventos mais fortes do nosso Sistema Solar - a velocidade recorde do vento foi medida em cerca de 2.400 quilômetros por hora. Em 1989, foi registrada a maior tempestade conhecida, com ventos de alta velocidade girando em torno do planeta de uma forma extraordinária. A Grande Mancha Escura, como foi chamada, durou cerca de cinco anos. Os cientistas ainda estão tentando descobrir como um planeta tão distante do Sol gera ventos tão poderosos.

QUAL A DURAÇÃO DE UM ANO EM NETUNO?

Netuno leva 164,81 anos terrestres para completar uma órbita ao redor do Sol. Ele está a cerca de 4.459 milhões de quilômetros do Sol no ponto mais próximo, e a cerca de 4.536 milhões de quilômetros no ponto mais distante.

QUAL É A COR DE NETUNO?

A atmosfera de Netuno contém gás metano. O gás absorve toda a luz vermelha do espectro de cores e dá a Netuno uma aparência vívida, azul-celeste e azul esverdeada.

O gás metano deixa Netuno azul.

QUANTAS LUAS TEM NETUNO?

Netuno tem 14 luas confirmadas, sendo Tritão a maior delas. William Lassell, um astrônomo amador, descobriu Tritão em 10 de outubro de 1846, apenas 17 dias após a descoberta do planeta.

NETUNO É O MENOR DOS GIGANTES DE GÁS?

Sim, o diâmetro de Netuno é 49.528 quilômetros. No entanto, ele é muito mais denso do que os outros gigantes gasosos. Netuno pesa 17 vezes mais que a Terra, enquanto Urano é apenas 14 vezes mais pesado do que a Terra.

O menor gigante gasoso

Anéis que não são facilmente vistos.

NETUNO TEM ANÉIS?

Sim, Netuno tem pelo menos cinco anéis principais, provavelmente feitos de gelo e partículas de poeira. No entanto, não são facilmente vistos, pois são muito finos. O planeta também tem quatro arcos de anéis que são aglomerados de poeira e detritos espalhados pelas luas próximas.

QUIZ rápido!

Tritão

O QUE HÁ DE PECULIAR EM TRITÃO?

Sua órbita gira ao contrário das outras luas de Netuno.

O deus romano Netuno

QUEM INSPIROU O NOME NETUNO?

O deus romano do mar.

TRITÃO É O LUGAR MAIS FRIO EM NOSSO SISTEMA SOLAR?

Não! Chegando a cerca de -235°C, já se acreditou ser o ponto mais frio. No entanto, agora sabemos que a cratera Hermite, na Lua da Terra, tem uma temperatura de gelados -248°C.

POR QUE PLUTÃO NÃO É UM PLANETA?

Inicialmente, considerava-se que nosso Sistema Solar tinha um Sol e nove planetas. Mas, em 2006, a União Astronômica Internacional (International Astronomical Union - IAU) reclassificou Plutão como um "planeta-anão". Embora Plutão, tal como um planeta, seja uma esfera e orbite o Sol, ele não se qualificou como planeta porque outros objetos de tamanho semelhante partilham o seu espaço gravitacional.

Plutão e sua Lua Caronte

QUIZ rápido!

O deus romano Plutão

QUEM INSPIROU O NOME DE PLUTÃO?

O deus romano do submundo.

Terra, Lua da Terra e Plutão

QUAL É A DURAÇÃO DE UM DIA EM PLUTÃO?

6,39 dias terrestres.

QUANTO TEMPO DURA UM ANO EM PLUTÃO?

248.89 anos terrestres.

PLUTÃO É MUITO FRIO?

Sim, cerca de -223°C.

DO QUE PLUTÃO É FEITO?

Acredita-se que, além do seu núcleo rochoso, Plutão seja feito de gelo de nitrogênio, metano e monóxido de carbono. Sua superfície, em uma gama de cores que vai do preto carvão ao laranja-escuro e branco, tem uma montanha feita de água congelada e uma geleira em forma de coração.

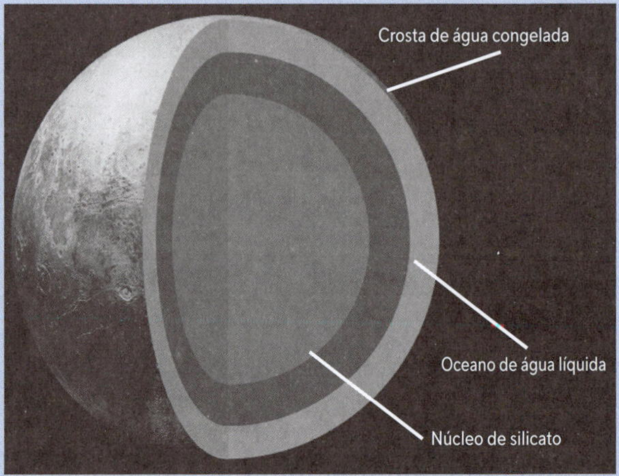

Estrutura interna de Plutão

O QUE SÃO PLANETAS--ANÕES?

Incluindo Plutão, existem atualmente cinco planetas-anões conhecidos no Sistema Solar. Os outros quatro são Ceres, Makemake, Eris e Haumea. Esses corpos são grandes o suficiente para ficarem concentrados em uma forma esférica pela própria gravidade, mas, ao mesmo tempo, a sua gravidade não é forte o suficiente para limpar outros corpos que estão na área ao seu redor.

(Da esquerda para a direita) Os planetas--anões Plutão, Eris, Haumea, Makemake e Ceres

Curiosidade:

O QUE É FASCINANTE NAS LUAS DE PLUTÃO?

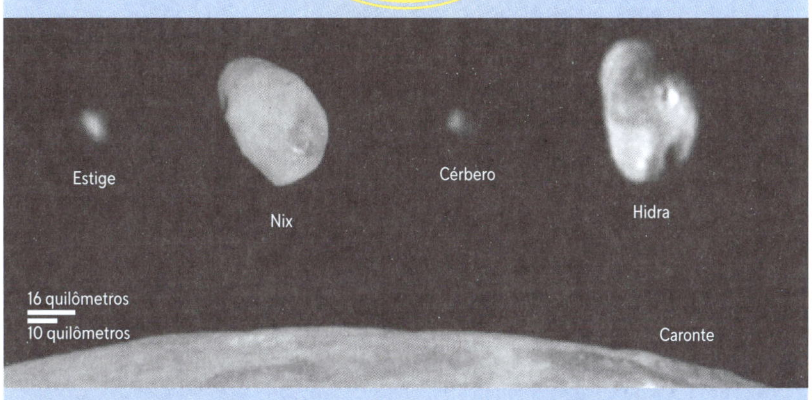

Caronte e as outras luas menores de Plutão

Apesar de ser muito pequeno, Plutão possui um complexo conjunto de satélites. Acredita-se que suas luas foram formadas por uma colisão entre dois outros planetas-anões e um objeto do Cinturão de Kuiper, quando o Sistema Solar ainda era jovem e estava em processo de formação. Existem cinco luas confirmadas em Plutão: Caronte, Nix, Hidra, Cérbero e Estige. Plutão é apenas duas vezes maior que Caronte. Ambos orbitam um ao outro e estão interligados, de modo que eles muitas vezes são vistos como um sistema de planeta "duplo" anão.

QUAL É O TAMANHO DE PLUTÃO EM RELAÇÃO AO RESTANTE DO SISTEMA SOLAR?

Plutão não é apenas menor que os planetas, mas também menor que muitas luas do nosso Sistema Solar, como Ganimedes, Titã, Calisto, Io, Europa e Tritão. Seu diâmetro é 66% da Lua da Terra e tem apenas 18% de sua massa.

O tamanho de Plutão em comparação com algumas luas do Sistema Solar

O QUE FAZ DA TERRA UM PLANETA TERRESTRE?

O terceiro planeta mais distante do Sol em nosso Sistema Solar, a Terra é o quinto maior planeta em tamanho e massa. Seu interior é composto principalmente de rochas e metais, por isso é chamado de terrestre. Sabe-se que um terço da sua superfície é composto de rochas de silicato divididas em placas, e os dois terços restantes são cobertos por oceanos - o que torna a Terra única entre os planetas.

Olhando do espaço para a Terra.

A TERRA PODERIA TER UM PLANETA GÊMEO?

No Universo além do nosso Sistema Solar, o exoplaneta Kepler-452b orbita uma estrela semelhante ao Sol. Embora não seja um gêmeo idêntico da Terra - o Kepler-452b é um pouco maior - ele é notavelmente semelhante. Seu caminho orbital tem quase a mesma distância que a órbita da Terra ao redor do Sol e é bastante provável que também tenha atmosfera e água.

Os "gêmeos" colocados lado a lado.

QUIZ rápido!

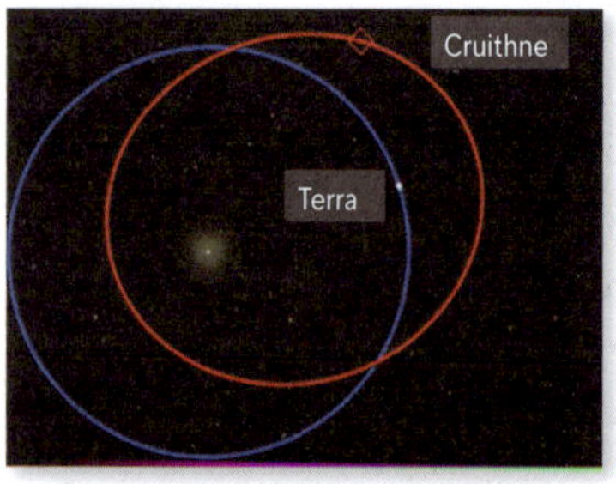

Um objeto do tipo asteroide que orbita o Sol e a Terra.

O QUE É O 3753 CRUITHNE?

Um objeto do tipo asteroide que orbita o Sol e a Terra.

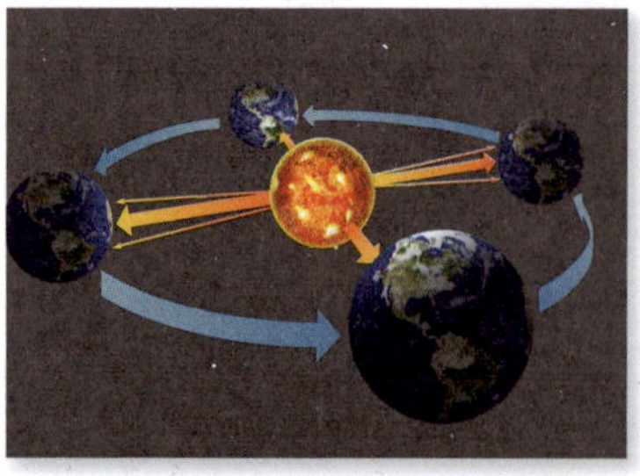

A órbita da Terra em torno do Sol

A QUE VELOCIDADE A TERRA ORBITA O SOL?

Trinta quilômetros por segundo.

O Equador é a circunferência horizontal mais larga da Terra.

QUAL É O DIÂMETRO DA TERRA?

Aproximadamente 12.800 quilômetros.

QUÃO QUENTE É O NÚCLEO INTERNO DA TERRA?

Quase tão quente quanto a superfície do Sol.

O QUE HÁ DE ESPECIAL EM RELAÇÃO AO TAMANHO DA TERRA E À DISTÂNCIA DO SOL?

A Terra tem o tamanho ideal para manter sua atmosfera. Sua distância do Sol também é perfeita. Se estivesse mais perto, o calor teria feito com que toda a água da superfície evaporasse; e se estivesse mais longe, ela teria congelado.

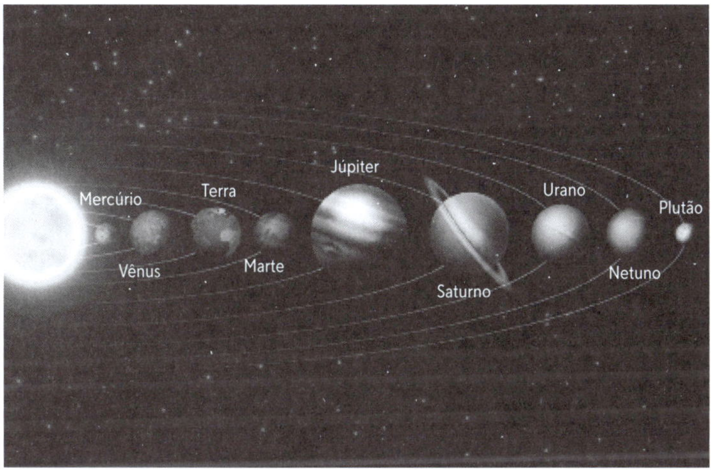

A Terra está no lugar perfeito.

POR QUE A TERRA É O CORPO MAIS DENSO DO SISTEMA SOLAR?

O núcleo denso da Terra

A composição da Terra possui diferentes elementos e compostos pesados. Além disso, a grande força da gravidade na Terra comprime significativamente essa massa densa. Fazendo um comparativo, a densidade do Sol é apenas um quarto da densidade da Terra.

QUANTOS SATÉLITES NATURAIS A TERRA TEM?

Além da Lua, a Terra poderia ter dois "satélites" adicionais compostos de poeira. Chamadas de "nuvens de Kordylewski", em homenagem ao astrônomo polonês que as avistou, elas estão na mesma distância que a nossa Lua em relação à Terra, mas são vistas apenas como um brilho fraco no céu.

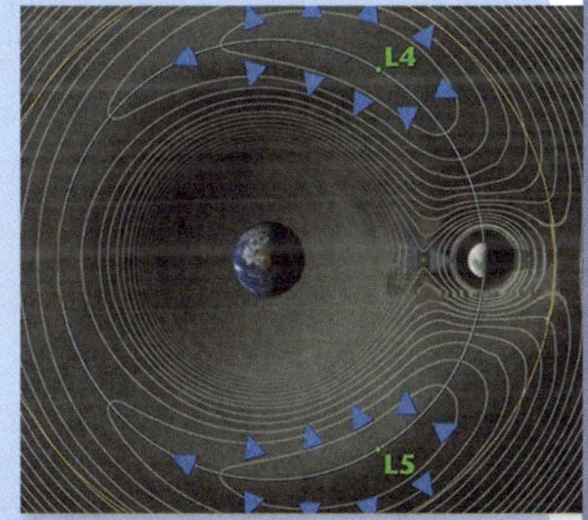

L4 e L5 indicam as nuvens de Kordylewski.

Curiosidade: A ROTAÇÃO DA TERRA DESACELEROU?

A Terra gira em um eixo inclinado.

O movimento circular da Terra em seu próprio eixo é chamado de rotação. Esse movimento é anti-horário, e demora 23 horas, 56 minutos e 4 segundos - ou seja, quase 24 horas - para a Terra completar um giro completo. Cada rotação é equivalente a um dia. A velocidade de rotação está diminuindo devido ao efeito da Lua nas marés, mas isso está acontecendo muito lentamente.

O QUE É UM ASTEROIDE?

O astrônomo britânico William Herschel cunhou o nome "asteroide", em 1802. Esse termo identifica os milhares de pedaços, na sua maioria feitos de rocha e metal, que circundam o Sol em uma grande faixa que fica entre Marte e Júpiter – embora alguns se aventurem fora dessa zona.

O QUE SÃO PERIÓDICOS?

Alguns cometas aparecem em intervalos regulares, razão pela qual são chamados de "periódicos". O cometa de Encke passa pela Terra a cada 1.206 dias; já o cometa Halley, a cada 76 anos.

O QUE É UMA CHUVA DE METEOROS?

Chuva de meteoros à noite

Todos os dias, toneladas e toneladas de detritos espaciais caem sobre a Terra, às vezes em concentrações tão grandes que formam uma chuva dourada no céu noturno ao atingirem a atmosfera da Terra e queimarem. Isso é chamado de chuva de meteoros. Os meteoros são poeira espacial e pedaços tão pequenos que queimam muito antes de atingirem o solo.

QUIZ rápido!

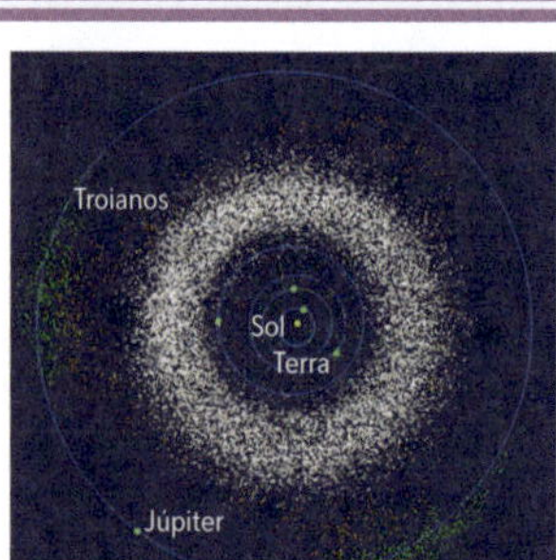

Os troianos

O QUE SÃO ASTEROIDES TROIANOS?

Um pequeno grupo de asteroides que circulam o Sol na mesma órbita de Júpiter.

Cratera de meteoro no Arizona - Estados Unidos

QUANTOS METEORITOS JÁ FORAM DESCOBERTOS?

Mais de 50 mil, alguns tão pequenos quanto bolinhas de gude.

Edmund Halley

QUEM DESCOBRIU O COMETA HALLEY?

Edmund Halley.

DE QUE É FEITA A CAUDA DE UM COMETA?

Poeira e gases soprados para trás pelo vento solar.

Um fragmento de meteorito do Canyon Diablo

Cometa Halley

Curiosidade:

O QUE É UM COMETA?

Os cometas são bolas de gelo sujo. Eles circundam o Sol como os planetas, mas têm órbitas muito longas e extensas, passando a maior parte do tempo nos confins do Sistema Solar. Ocasionalmente, quando um deles é atraído em direção ao Sol, torna-se visível durante algumas semanas. Enquanto o cometa avança, o material de sua superfície é soprado para trás, deixando um rastro. Essa "cauda" pode ser vista no céu noturno, brilhando de forma espetacular ao refletir a luz do Sol até desaparecer de vista.

QUÃO RÁPIDO É UM COMETA?

Os cometas aceleram à medida que se aproximam do Sol, atingindo até 2 milhões de quilômetros por hora. Mas, quando estão longe do Sol, eles desaceleram para velocidades de pouco mais de 1.000 quilômetros por hora e é por isso que ficam afastados por tanto tempo.

Cometa Hale--Bopp

COMO SÃO NOMEADOS OS ASTEROIDES?

Os asteroides foram descobertos pela primeira vez em 1801, por um grupo de astrônomos que se autodenominavam Polícia Celestial. Essa descoberta se deu enquanto eles procuravam por um planeta desaparecido que parecia estar em algum lugar entre Marte e Júpiter. Hoje em dia, novos asteroides são descobertos com frequência. Cada um recebe um número de identificação e é nomeado pelo descobridor. Os nomes variam - alguns até têm nomes de deusas gregas.

O nome dos asteroides

QUAL É O MAIOR E MAIS BRILHANTE ASTEROIDE DESCOBERTO?

Vesta e a Lua da Terra

O maior e mais brilhante asteroide já descoberto é chamado de Vesta. Mede 530 quilômetros de diâmetro e é o único asteroide que pode ser visto a olho nu.

O QUE É UM ASTRONAUTA?

É uma pessoa especialmente treinada para explorar e estudar o espaço, viajando em uma espaçonave. Os russos usam a palavra "cosmonauta". Os astronautas passam por um treinamento rigoroso que abrange todos os aspectos da viagem espacial, adquirindo conhecimento técnico e desenvolvendo altos níveis de condicionamento físico. Dessa forma, eles podem viajar para fora da Terra e permanecer saudáveis em um ambiente sem gravidade durante sua jornada.

Astronauta fazendo uma caminhada espacial.

OS ASTRONAUTAS PRECISAM CUIDAR DA SUA SAÚDE?

Sim, as diferenças extremas entre as condições da Terra e do espaço podem causar o enfraquecimento dos ossos, o encolhimento dos músculos, lesões provocadas pela radiação, distúrbios do sono e outros problemas de saúde. É por isso que o condicionamento físico é muito importante para um astronauta.

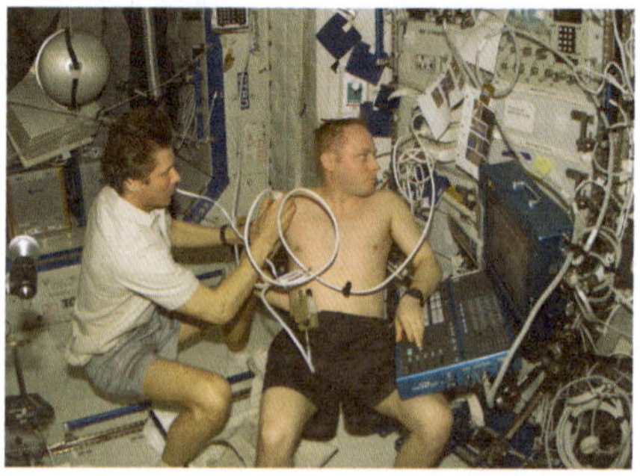

Avaliação médica no espaço

Curiosidade:

POR QUE OS ASTRONAUTAS USAM TRAJES ESPACIAIS?

Os trajes espaciais são roupas especialmente projetadas para proteger os astronautas do ambiente hostil e extremo do espaço sideral. Os astronautas geralmente usam um traje espacial quando saem da espaçonave para exploração e estudo. O traje ajuda a protegê-los da radiação solar e de outros perigos. Em caso de perda repentina de pressão na cabine, ou outras situações de emergência, eles podem até mesmo usá-la dentro da espaçonave.

Camadas de um traje espacial

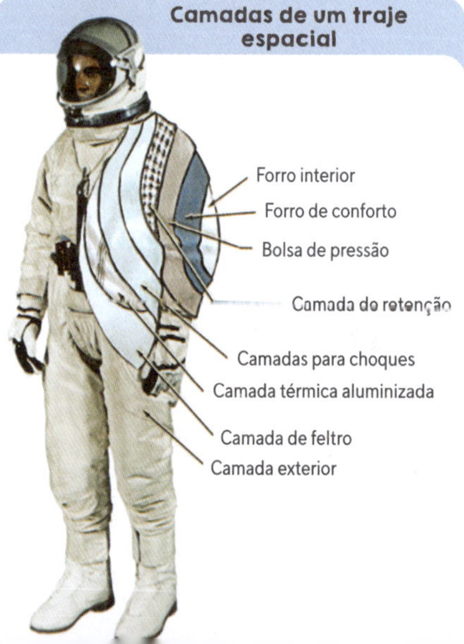

QUIZ rápido!

UM ÔNIBUS ESPACIAL PODE VOAR ATÉ A LUA?

Não, ele foi projetado para pairar em torno da órbita da Terra.

Ônibus Espacial Columbia

O QUE É A ISS?

É a Estação Espacial Internacional (International Space Station), especialmente construída como um projeto multinacional para conduzir missões e experimentos no espaço.

ISS

QUEM FORMA UMA EQUIPE DE EXPLORAÇÃO ESPACIAL?

A equipe é composta pelo comandante, piloto e especialistas de missão.

OS ASTRONAUTAS PODEM TOMAR BANHO NO ESPAÇO?

Não, eles só se lavam usando uma esponja.

O QUE OS ASTRONAUTAS COMEM E BEBEM NO ESPAÇO?

Os astronautas consomem pacotes de alimentos que lhes fornecem os nutrientes ideais durante sua estadia no espaço. Existem vários alimentos que os astronautas podem comer: frutas, nozes, carne, pães e doces são alguns deles. Sal e pimenta estão disponíveis em forma líquida. Bebidas como chá, café e sucos também podem ser consumidas.

Comendo hambúrgueres flutuantes no espaço.

QUANTOS PAÍSES ENVIARAM CIDADÃOS PARA O ESPAÇO?

A União Soviética foi o primeiro país a enviar um ser humano ao espaço, em 1961. Desde então, 41 países já enviaram pessoas até lá.

Astronautas e cosmonautas

QUAL É A ORIGEM DO TERMO "ASTRONAUTA"?

A palavra "astronauta" é derivada do grego *astron nautes*, que significa "marinheiro estelar". O termo é usado desde o século XIX em vários contos e romances sobre o espaço e sua exploração.

COMO A VIDA COMEÇOU?

Experimentos científicos mostraram como os raios poderiam criar aminoácidos, os produtos químicos básicos da vida, a partir das águas e gases encontrados na Terra primitiva. Mas ninguém sabe como esses produtos químicos conseguiram fazer cópias de si mesmos. Essa chave para a vida ainda é um grande mistério. Outra teoria é que a vida poderia ter chegado à Terra por meio de um cometa ou asteroide vindo de uma parte distante do Universo.

Como a vida começou ainda é um mistério.

Curiosidade:

É POSSÍVEL QUE VIDA TENHA VINDO DE MARTE À TERRA?

Meteorito ALH84001

Em 1984, um meteorito de Marte foi encontrado por geólogos em Allan Hills, na Antártica. O estudo desse meteorito, chamado ALH84001, revelou minúsculos cristais semelhantes aos formados por bactérias na Terra. Também foram descobertos padrões semelhantes a vermes que poderiam ter sido fósseis. No entanto, mais tarde, a maioria dos cientistas afirmou que esses cristais também poderiam se formar sem a ajuda de bactérias, e que os "padrões fósseis" foram criados provavelmente enquanto a rocha era investigada em laboratório.

O QUE É A SETI?

A Busca por Inteligência Extraterrestre (Search for Extraterrestrial Intelligence, SETI) é um esforço científico para avaliar continuamente os sinais de rádio provenientes do espaço, com o objetivo de captar sinais de inteligência. Os cientistas da SETI procuram sinais que tenham um padrão, mas que não sejam completamente regulares, como os sinais de estrelas pulsantes. Tais sinais poderiam ser enviados por civilizações alienígenas com ou sem a intenção de fazer contato com outras civilizações como a nossa.

Instituto SETI, na Califórnia - Estados Unidos

Lançamento do telescópio espacial

O QUE FOI A MISSÃO KEPLER?

Foi um telescópio espacial lançado em 2009 para descobrir planetas semelhantes à Terra que orbitassem em torno de outras estrelas e que poderiam conter vida. Kepler usou o método de trânsito - que é a diminuição da luz de uma estrela quando um planeta passa na sua frente - para descobrir mais de 2.600 novos planetas. Muitos desses planetas estavam no "ponto certo" - ou seja, a uma distância ideal da estrela para propiciar a vida.

QUIZ rápido!

O QUE SÃO SPIRIT E OPPORTUNITY?

São dois veículos robôs que pousaram em Marte para verificar a presença de água, o que poderia indicar que já existiu vida no planeta.

Veículo em Marte

O QUE É O DISCO DE OURO?

É um disco fonográfico, com sons e imagens da Terra, que está sendo transportado para fora do nosso Sistema Solar pela sonda Voyager.

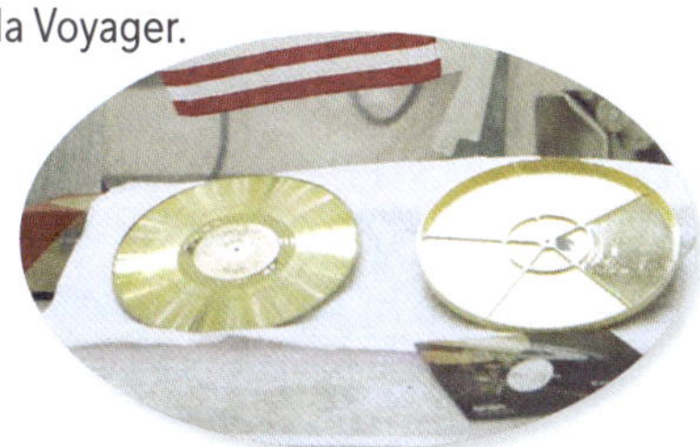

O Disco de Ouro enviado ao espaço

OS SINAIS DE RÁDIO SÃO A ÚNICA MANEIRA DE DETECTAR VIDA EXTRATERRESTRE?

Não, pulsos de laser e evidências de gases poluentes também podem ser sinais.

DE QUE É FEITA A VIDA?

A vida é baseada em compostos do elemento carbono, considerados químicos orgânicos. Esses compostos de carbono, denominados aminoácidos, se ligam para formar proteínas, e são elas que formam as substâncias químicas que constroem e mantêm as células vivas.